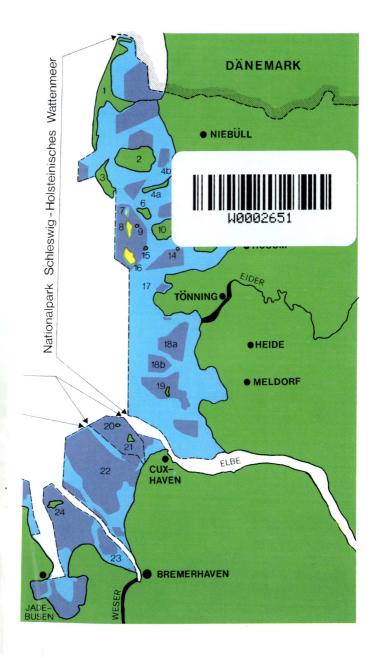

kosmos Naturführer

Franckh-Kosmos

Klaus Janke/Bruno P. Kremer

Das Watt

Lebensraum, Tiere und Pflanzen

139 Farbfotos von J. Diedrich (S. 92, 96), K. Janke (S. 4/5, 48–62, 63 l, 64–68, 69 r, 72 r, 74 l, 75–77, 79 ol, 79 u, 80–83, 89 r, 91, 94 l, 98 r, 115 ru, 118/119), J. Kinau (S. 117 Mr), R. Kock (S. 2/3, 9, 70, 72 l, 74 r, 109 Mr, 111 o, 111 ul, 115 lu, 117 o) R. König (S. 35 r), B. P. Kremer (S. 7, 14, 15, 20, 21, 24/25, 30, 31, 32, 33 l, 34, 35 l, 36, 38/39, 46, 47, 109 ur, 117 Ml, 117 u, 123) G. Quedens (S. 33 r, 63 r, 69 l, 79 or, 111 M, 111 ru), P. Schäfer (S. 106/107, 109 o, 109 ul, 115 o), F. Siedel (S. 100/101, 103, 111 ru), M. Sturm (S. 73), U. Walz (S. 90 l, 97 r), J. Weber (S. 17, 84/85, 94 r), K. Wernicke (S. 37, 88, 89 ol, 90 r, 93, 95, 97 l, 98 l, 99, 105, 109 Ml, 113) sowie 14 Farbzeichnungen von B. P. Kremer.

Vorsätze von Magda Hamerli (vorne, nach einer Vorlage von K. Janke) und Marianne Golte-Bechtle (hinten).

Das Luftbild auf S. 117 wurde freigegeben vom Minister für Wirtschaft und Verkehr in Kiel unter der Nr. SH 1364/121.

Umschlag von Kaselow-Design, München, unter Verwendung einer Aufnahme von Armin Maywald. Das Bild zeigt einen Seehund.

Das Bild auf den Seiten 2/3 zeigt die Insel Trischen aus Süden gesehen. Luftbild freigegeben vom Minister für Wirtschaft und Verkehr in Kiel unter der Nr. SH 1364/21.

© 1990, Franckh-Kosmos Verlags-GmbH & Co., Stuttgart
Alle Rechte vorbehalten
ISBN 3-440-06035-7
Printed in Italy / Imprimé en Italie
Satz: G. Müller, Heilbronn
Reproduktion:
PHG Lithos, Martinsried
Gesamtherstellung:
Printer Trento s.r.l., Trento

Wir widmen dieses Buch den Herren
Dr. Dr. h. c. Peter Kornmann
und
Paul-Heinz Sahling

Für ihre freundliche Unterstützung danken wir den Mitarbeitern der Biologischen Anstalt Helgoland

CIP-Kurztitelaufnahme der Deutschen Bibliothek

Janke, Klaus:
Das Watt : Lebensraum, Tiere und Pflanzen / Klaus Janke ; Bruno P. Kremer. – Stuttgart : Franckh, 1990
  (Kosmos-Naturführer)
  ISBN 3-440-06035-7
NE: Kremer, Bruno P.:

Das Watt

Zu diesem Buch	6
Das Watt – eine amphibische Welt	8
Vom Werden der Watten	12
Der Pulsschlag des Meeres	16
Die Unterwelt des Watts	20
Lebensräume serienweise	22
Salzwiesen und Verlandungszonen	24
Gesalzene Probleme	26
Wattflächen und Priele	38
Leben unter Schritt und Tritt	40
Muschelbank und Pfahlbewuchs	76
Ankerplatz auf festem Grund	78
Vögel im Wattenmeer	84
Futterplätze für Millionen	86
Seehundbänke	100
Wattentier mit treuem Blick	102
Gefährdeter Lebensraum Watt	106
Fremdenverkehr – die weiße Industrie	108
Fischerei	110
Landgewinnung und Landwirtschaft	112
Errungenschaften der modernen Industriegesellschaft: Von Schiffahrt, Öl, Chemie und Tiefffliegern	114
Nationalpark Wattenmeer	118
Nationalpark – was ist das?	120
Wie wir uns im Watt verhalten	122
Erklärung von Fachausdrücken	124
Weiterführende Literatur	124
Wichtige Adressen	125
Register	126

Zu diesem Buch

Das Wattenmeer ist in aller Munde. Dieser weltweit einzigartige Lebensraum stellt neben den Hochgebirgsregionen der Alpen die letzte großräumige Naturlandschaft Mitteleuropas dar. Einzigartig sind in dieser endlos weit erscheinenden Landschaft auch das Naturerlebnis und Naturschauspiele, die man selbst mit wenig geübtem Blick überall bewundern kann.

Und doch: Der Schein der Idylle trügt. Das Watt und die Lebensgemeinschaften, die es beherbergt, sind in ihrem langfristigen Bestand gefährdet. Alljährlich verbringen Millionen von Urlaubern an der Küste und auf den Inseln zwischen Den Helder in den Niederlanden und Esbjerg in Dänemark ihren Urlaub. Elbe, Weser, Ems und Rhein entlassen als die bedeutenden Kloaken Mitteleuropas riesige Mengen von Giftstoffen in die heimischen Küstengewässer und belasten deshalb auch gerade das Wattenmeer schwer. Eindeichungsmaßnahmen und der Bau von Inseldämmen haben die Küstenlinie und Strömungen in den letzten Jahrzehnten einschneidend verändert. Das Wattenmeer droht seinen ursprünglichen Charakter zu verlieren. Um dieser Entwicklung Einhalt zu gebieten, haben neben den Niederlanden und Dänemark auch die deutschen Küstenländer Schleswig-Holstein und Niedersachsen sowie die Hansestadt Hamburg den von ihnen verwalteten Teil des Wattenmeeres unter einen besonderen großräumigen Schutz gestellt und zum „Nationalpark" erklärt. Mit der Einrichtung und Konzeption der Nationalparke ist ein Versuch unternommen worden, den berechtigten wirtschaftlichen Interessen der Küstenbewohner und dem Erholungswunsch der Urlauber einerseits sowie dem Naturschutz andererseits gerecht zu werden. Kapitel 4 (S. 118-124) erläutert ausführlicher die Schutzkonzepte der Nationalparke.

Dieses Buch verfolgt im wesentlichen zwei Anliegen. Es soll zunächst eine knappe, zusammenfassende Orientierungs- und Erlebnishilfe in der weiten, monoton anmutenden Landschaft im Übergang von Meer und Land sein. Tatsächlich läßt sich hier das Leben auch erst auf den zweiten Blick entdecken. Doch mit nur ein wenig Vorkenntnis lädt uns die Oberfläche des öden und gleichförmig erscheinenden Bodens zu einer spannenden Entdeckungsreise auf den Spuren der Wattbewohner ein. Schon ein klares, mit Seewasser gefülltes Becherglas als mitgenommenes Utensil auf einer Wattwanderung kann als Miniaquarium herhalten, in dem sich die aufgefundenen Lebewesen für einen Augenblick beschauen und ihre Bewegungen und Verhaltensweisen studieren lassen. Schnecken öffnen die Deckel ihres Gehäuses, strecken ihre Fühler heraus und beginnen umherzuwandern. Die Ringelwürmer mit ihren filigranen Kiemenanhängen und beborsteten Stummelfüßen zeigen erst im untergetauchten Zustand ihre volle Schönheit. Zum vorsichtigen Umgang mit der Natur gehört aber auch, daß wir **alle** Lebewesen, die wir finden, auch wieder zurücksetzen an ihren angestammten Platz. Nur dort werden sie überleben. Neben den Organismen im und auf dem Boden selbst hat dieser Lebensraum als Rastplatz für Millionen von Zugvögeln und als Kinderstube der Fische durchaus auch globale Bedeutung.

Wir möchten mit dieser Lektüre aber auch darauf aufmerksam machen, daß dieser Naturlandschaft viele schleichende Gefahren drohen, wenn nicht der Mensch (und gemeint sind wir alle) seinen Umgang mit der Natur sorgfältig (neu) bedenkt, sein Verhalten ändert und sich selbst in seinen Ansprüchen und Bedürfnissen einschränkt. **Naturschutz gibt es nicht zum Null-Tarif.** Dieser Naturführer teilt sich in 4 große Kapitel, die jedes für sich durch eine farbige Randleiste gekennzeichnet sind.

Viele Lebensspuren führen im Watt zu den eigentlichen Wattbewohnern.

1. Einführung
Hier werden die verschiedenen Bereiche sowie die Entstehung und Entwicklung des Wattenmeeres beschrieben und die Bedeutung der beteiligten Faktoren näher erklärt, die zur Bildung dieses Lebensraumes beigetragen haben und ihn auch heute noch beeinflussen.

2. Die Lebensgemeinschaften
Dieses Kapitel beschreibt die wichtigsten Tiere und Pflanzen sowie ihre Bedeutung für die Lebensgemeinschaften. Außerdem werden interessante Angaben zur Lebensweise, zum Vorkommen und zu ihrem Verhalten gegeben. Damit man sie im Freiland tatsächlich wiederfindet, werden auch die Spuren, die sie zuweilen auf dem Wattboden hinterlassen, dargestellt und ihre Entstehung erklärt.

3. Wattenmeer – ein gefährdeter Lebensraum
Dieses Kapitel erläutert den Einfluß des Menschen auf diese Landschaft und die Gefahren, die ihr durch die moderne Freizeit-, Agrar- und Industriegesellschaft drohen.

4. Nationalpark Wattenmeer
In diesem Abschnitt werden die Schutzkonzepte der Nationalparke erläutert. Sie sollen helfen, den Lebensraum Wattenmeer in seinem natürlichen Gewand zu erhalten. Lesen Sie sich diesen Abschnitt vor einer geplanten Wattwanderung – besonders wenn Sie ortsunkundig sind – unbedingt durch. Besonders wichtig ist dabei für den Besucher das Zonen-Konzept.

Das Watt - eine amphibische Welt

Wo Festland und Meer aufeinandertreffen, verzahnen sich zwei völlig unterschiedliche Welten. Anders als bei einem Binnengewässer, wo sich die Nahtstelle zwischen Wasser und Uferstreifen konturgenau angeben läßt, werden an den Meeresküsten die Grenzmarken in jedem Augenblick neu gesetzt. Der Rhythmus der Gezeiten versetzt die Trennlinien. Bei Ebbe fällt ein breiterer Geländestreifen trocken, kann von Land aus betreten werden und erscheint als ureigener Bestandteil des Festlandes. Bei Flut greift das Meer auf diese Flächen über und vereinnahmt sie erneut als Meeresboden. Der Gezeitenraum ist somit eine Welt zwischen Land und Meer, eine amphibische Welt ohne ganz genaue Zuordnung.

Wattgebiet und Wattenmeer

Man bezeichnet das Auftauch- oder Wechselflutgebiet zwischen der Hochwasserlinie (Mitteltidenhochwasserniveau) und der Niedrigwasserlinie (Mitteltidenniedrigwasserstand) als Watt. Der periodisch trockenfallende und wenige Stunden später wieder überflutete Boden der Gezeitenzone ist eventuell aus anstehendem Hartgestein aufgebaut wie beim Helgoländer Felswatt oder entlang weiter Abschnitte der französischen Atlantikküste. Der Wattboden kann aber auch aus nur wenig verfestigten Sand- oder Schlickablagerungen bestehen. Dieses Weichbodenwatt bestimmt das Bild unserer Nordseeküsten. Wenn wir im folgenden das Watt vorstellen, meinen wir immer nur den Auftauchboden aus weichen Ablagerungen.

Während man unter Watt den während der Ebbe freifallenden Meeresboden versteht, ist das Wattenmeer die Wasserfläche bzw. der Wasserraum der Flachsee über dem Wattboden. Die Grenze dieses Wattenmeeres zur offenen Nordsee kann man etwa mit der 10-Meter-Tiefenlinie angeben – bis hierher macht sich die Wellenaktion des Oberflächenwassers bemerkbar.

Weichböden säumen weltweit sehr viele Gezeitenküsten. Aber nirgendwo auf der Welt gibt es ein so großes, zusammenhängendes Wattenmeer mit freifallendem Watt wie an der Nordsee. Das Wattenmeer nimmt eine Fläche von nahezu 7500 km^2 ein. Das bei Niedrigwasser auftauchende Watt ist dagegen etwa 3500 km^2 groß – fast so viel wie die Flächensumme von Berlin, Hamburg und dem Saarland.

Welt hinter Inseln

Noch ein paar Zahlen zur Größe: Drei Nationen teilen sich die Wattengebiete vor dem Küstensaum der südlichen Nordsee. Die Wattenlandschaft beginnt bei Den Helder in den Niederlanden (Anteil rund 1400 km^2), umfaßt die niedersächsischen, hamburgischen und schleswig-holsteinischen Wattengebiete (Fläche zusammen etwa 1750 km^2) und endet mit dem dänischen Watt (rund 350 km^2 Ausdehnung) bei Esbjerg. Über nahezu 450 km erstreckt sich der Wattenraum bei einer Breite von 5 bis 10 (maximal 15) km vor den Niederlanden und Niedersachsen bzw. 10 bis 15 (maximal 20) km vor Schleswig-Holstein. Die Nordseewattenlandschaft schließt somit den ge-

8

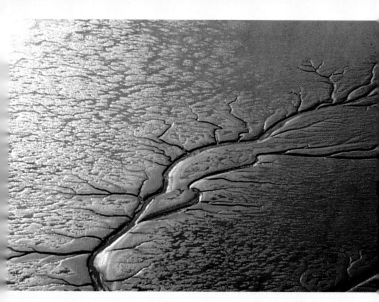

Wie das Geäst eines Baumes verzweigen sich die Prielsysteme. Luftbild, freigegeben vom Minister für Wirtschaft und Verkehr in Kiel unter der Nr. SH 1364/115.

samten Raum zwischen der Festlandslinie (Innenküste) und den vorgelagerten Inselketten (Außenküste) ein. Diese wie Perlen aufgereihten Inseln markieren im Kartenbild sehr eindrucksvoll Größe, Lage und Ausdehnung der Watten. Der große küstenparallele Inselbogen spannt sich vom niederländischen Texel (übrige Westfriesische Inseln: Vlieland, Terschelling, Ameland, Schiermonnikoog, Rottumerplaat, Rottumeroog) über die Ostfriesische Inselgruppe (Borkum, Juist, Norderney, Baltrum, Langeoog, Spiekeroog, Wangerooge), die Inseln vor Weser und Elbe (Minsener Oldoog, Mellum, Knechtsand, Neuwerk, Scharhörn, Trischen) und die Nordfriesischen Inseln (Nordstrand, Pellworm, Halligen, Föhr, Amrum, Sylt) bis zu den dänischen Wattinseln (Rømø, Mandø, Fanø, Halbinsel Skallingen). Der weitaus größte Teil der Watten erstreckt sich als sogenannte Rückseitenwatten im Schutz der großen Inselkörper. Offene Watten breiten sich im Gebiet zwischen Jade und Elbe oder nördlich der Elbe aus – sie liegen gewöhnlich hinter Sandbänken oder Strandwällen, deren sehr flaches Unterwasserprofil sie vor allzu häufigen Zerstörungen bei schwerem Seegang schützt. Noch stärker seegangsgeschützt sind die Wattengebiete in den zurückliegenden Buchten (Buchtwatten), beispielsweise in Dollart, Leybucht und Jadebusen. Seewärts breiten sich vor den Inseln nur sehr schmale Wattstreifen aus.

Ein wenig Wattdeutsch
Zum Erscheinungsbild der Watt-

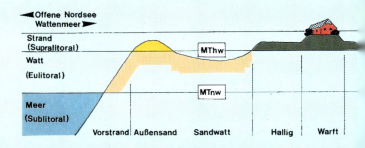

Gliederung des schleswig-holsteinischen Wattenmeeres (schematisches West-Ost-Profil). Die geologische Struktur des Untergrundes ist recht kompliziert und regional sehr verschieden. Sie kann in einem einfachen Schema nicht wiedergegeben werden. MThw = Mitteltidehoch-, MTnw = Mitteltideniedrigwasser (vgl. S. 18).

landschaft gehören in erster Linie natürlich die feuchtglänzenden, bei scharfem Wind auch schon einmal stärker austrocknenden Wattflächen – ein fast horizontaler Komplex sehr ebener, nur sanft geneigter Sandplaten und Schlickbänke. Unterbrochen und gegliedert werden sie von den kleineren und größeren Wattrinnen. Gerinne, die bei Niedrigwasser bis etwa ein Meter tief und allenfalls 20 Meter breit sind, heißen Priele. Sie dienen in erster Linie als Wege für das ablaufende Wasser, sind also beinahe Fließgewässer mit festgelegter Transportrichtung, neigen wohl auch wie die Bäche des Binnenlandes zum freien Schwingen oder Mäandrieren. Aus der Luft betrachtet sehen sie aus wie das feinverästelte Gezweig einer Baumkrone. Die vielfach gewundenen, in eleganten Schlingen verlaufenden Priele zeigen sehr oft einen asymmetrischen Querschnitt mit steilem Prallhang und verflachtem Gleithang. Größere, tiefere Priele werden in Ostfriesland Baljen genannt.

Alle kleineren oder größeren Wattrinnen münden schließlich in Großrinnen, die tief in die Wattenkomplexe eingeschnitten sind und als Haupttransportwege für die Ebb- und Flutwasserströme von und zu den Wattflächen dienen. Hier treten beachtliche Strömungsgeschwindigkeiten auf, und es wundert gewiß auch nicht, daß diese Hauptrinnen stellenweise bis 50 Meter tief sind. Häufig werden sie als Fahrwasser für die Schiffahrt zu den Küstenorten hinter dem Watt verwendet – die Seitenbegrenzung der Fahrrinne wird dann mit eingesteckten Birkenstämmchen, den Pricken, markiert. Regional werden diese Großrinnen etwas unterschiedlich bezeichnet, in Nordfriesland beispielsweise als Auen, Hever, Piep oder Tief, in Ostfriesland dagegen als Seegat. Im niedersächsischen Wattengebiet ist ein Tief eine Wattrinne, die Süßwasser aus dem Binnenland heranführt. Eine Deichschleuse (= Siel) trennt Binnentief und Außentief. Am Siel hat sich oft ein kleiner Hafen mit dörflicher Ansiedlung entwickelt (Karolinensiel, Rüstersiel u. a.). Im Watt gibt es gelegentlich auch sehr breite, abflußlose, wannenartige Vertiefungen. Sie

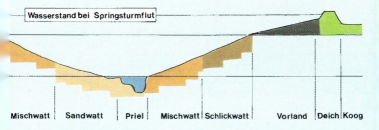

werden meist als Legden bezeichnet. Wattwanderern können sie ebenso gefährlich werden wie Priele oder Baljen, da sie bei auflaufendem Wasser den Rückweg abschneiden. Wie im Gebirge gibt es auch im Watt richtige Wasserscheiden zwischen den verschiedenen Prielsystemen. Sie werden gerne von Wattwagen für Fahrten vom Festland zu den vorgelagerten Inseln benutzt. An mehreren Stellen des Niedersächsischen Wattenbereichs springt die innere Küstenlinie weit landeinwärts zurück: Es sind die breiten Trichterbuchten von Ems, Jade, Weser und Elbe. Der Ems-Dollart-Bereich, das Jade-Weser-System und die große Elbmündung bilden spezielle Teillebensräume, in denen sich die aussüßenden Effekte der zuströmenden Flüsse und die Rückversalzung durch das auflaufende Meerwasser gegenseitig überlagern. Solche Gebiete nennt man Ästuarien. Auch in den Flußästuarien sind die Wattflächen uferparallel angeordnet. Unmittelbar vor dem Weser- und dem Elbe-Ästuar fehlen bezeichnenderweise größere Inselbildungen. Beinahe gesetzmäßig nimmt die Flächengröße der Inseln von Westen in Richtung Elbmündung ab. Terschelling oder Ameland sind fast viermal so groß wie Spiekeroog oder Wangerooge, von Scharhörn und Neuwerk einmal ganz zu schweigen. Nördlich der Elbe kehrt sich das Bild wieder um: Trischen ist noch relativ klein, Süderoogsand und Norderoogsand sind schon größer, und mit den Geestkernen von Amrum, Sylt, Rømø und Fanø werden fast wieder die Ausmaße der Westfriesischen Inseln erreicht.

Im Wasser geformt
Nur sehr schlickige Wattflächen sind ziemlich glatt, wenn sie auch dicht mit kleineren Tierspuren überzogen sind. Sandwatten zeigen dagegen eine Reihe von Marken, die durch das fließende Wasser und andere Ursachen zustande kommen. Rieselmarken entstehen im oberen Gezeitenbereich durch fortgesetztes Abfließen kleiner Wassermengen über geneigte Flächen. Sie erinnern an ein sehr verkleinertes Prielsystem. Besonders auffällige, weil auf großen Flächen ausgebildete Kleinreliefformen sind die Rippelmarken. Sie gehen auf komplizierte Wechselwirkungen zwischen dem bewegten Wasser und dem Meeresboden zurück. Bei den Kleinrippeln (Abstand zwischen den Rippelkämmen bis etwa 60 Zentimeter) kann man symmetrische Strömungs- und stärker asymmetrische Seegangsrippeln (Seegangsmarken) unterscheiden.

Vom Werden der Watten

Die weiten Wattflächen sind – geologisch gesprochen – Sedimentationsräume, in denen höchst unterschiedliche Materialien umgelagert und abgesetzt werden. Nicht überall ist der zur Niedrigwasserzeit auftauchende Wattboden gleichförmig zusammengesetzt. Vielmehr lassen sich die Wattablagerungen nach den Korngrößen der beteiligten Sedimentteilchen in ein gewisses Schema bringen. Folgende Größenklassen sind gewöhnlich im Spiel:

Sediment	Korngrößendurchmesser in Millimeter
Grobsand	0,6 – 2
Mittelsand	0,2 – 0,6
Feinsand	0,06 – 0,2
Grobsilt	0,02 – 0,06
Mittelsilt	0,006 – 0,02
Feinsilt	0,002 – 0,006
Ton/Schlamm	<0,002

Je nach Mengenanteil der einzelnen Korngrößen kann man in grober Zuordnung verschiedene Wattbodentypen unterscheiden, die untereinander natürlich durch mancherlei Übergänge verbunden sind. Für eine erste Orientierung gilt folgende Einteilung:

Wattbodentyp	Prozentanteil an	
	Feinsand	Silt/Ton
Sandwatt	85 – 100	0 – 5
Mischwatt	50 – 85	5 – 50
Schlickwatt	15 – 50	50 – 85

Eine noch genauere Einteilung zeigt das sogenannte Konzentrationsdreieck, in dem die Prozentanteile der verschiedenen Korngrößen sehr exakt festgehalten werden (Bild rechts).

Im Schlepptau der Gezeiten

Mit jeder Tide werden nicht nur Wassermassen über die Wattflächen transportiert. Wind- und Wellenbewegung sorgen dafür, daß das Tidewasser auch eine Menge Feststoffe mit sich führt. Bei rascher Bewegung und energiereichem Transport bleiben die Feststoffteilchen länger in der Schwebe als im beruhigten, auslaufenden Wasser. Die Gezeitenströme als wichtigster Gestaltungsfaktor des Watts verursachen daher neben dem Materialtransport auch eine gewisse Sortierung nach Korngrößen. Daraus erklärt sich die im Idealfall so klar gestaffelte Abfolge von Sand-, Misch- und Schlickwatt mit seinen abnehmenden Korngrößen in Richtung Tidehochwasserlinie. Landwärts werden somit bevorzugt Schlickteilchen abgesetzt, seewärts überwiegend Sande. Lokale Faktoren wie Ausrichtung zu den Gezeitenströmen, Neigung der Wattflächen oder auch Organismenbesiedlung greifen verändernd und steuernd in die Sedimentablagerung ein. Mit abnehmender Korngröße steigt im Wattboden der Gehalt an organischen Stoffen. Er liegt im Sandwatt bei etwa einem Prozent, im Schlickwatt dagegen bei 5 bis 10 Prozent. Die mit den Gezeiten herangeführten Wattsedimente stammen zu einem großen Teil aus den Vorräten des Nordseebeckens und der Küstenvorfelder. Zum Teil

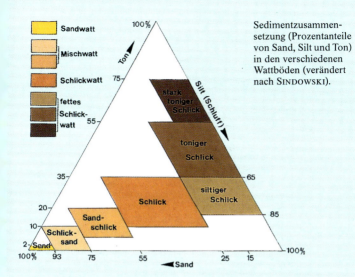

Sedimentzusammensetzung (Prozentanteile von Sand, Silt und Ton) in den verschiedenen Wattböden (verändert nach SINDOWSKI).

besteht das Baumaterial der Wattflächen aber auch aus umgelagerten älteren Watten und Marschen. Schließlich geht ein beträchtlicher Teil der Feinstsedimente auch auf den Schwemmguteintrag durch die großen Nordseeflüsse zurück: Bis heute lassen sich beispielsweise Schlicktransporte aus dem Maas-Rhein-Delta zur friesischen Küste feststellen. Aber wie kommt so viel feinkörniges Baumaterial in das Nordseebecken?

Es begann mit der Eiszeit

Seit ungefähr 280 Millionen Jahren ist das Nordseebecken Senkungsraum und ermöglicht somit den Absatz mächtiger Gesteinsschichten. Durch Störungen im Untergrund wurden sie im Bereich des Helgoländer Felssockels hochgepreßt und treten dort in Gestalt der Buntsandstein-, Muschelkalk- und Kreideklippen zutage. Im übrigen Nordseeraum ist von den Gesteinen des Erdmittelalters so gut wie nichts zu sehen. Dafür sind die Ablagerungen der Eiszeiten um so mächtiger vertreten. Sie bestimmen letztlich das heutige landschaftliche Erscheinungsbild des Küstensaumes.

Die enormen klimatischen Schwankungen während der letzten Jahrhunderttausende ließen mehrfach skandinavische Gletscher in das Nordseebecken vordringen. Gleichzeitig war in den Eisschilden so viel Wasser gestapelt, daß der Meeresspiegel weit unter das heutige Niveau fiel. Die geschlossenen Eisfronten führten in Mengen verschliffenes, zermalmtes Gestein aller Korngrößen mit sich – vom tonnenschweren Findling über Gerölle, Kiese und Sande bis hin zu den feinen Silt-, Schluff- und Tonteilchen. Die feineren Partikel, die die Gletscher in ihren Grund- und Stauchmoränen mitgebracht hatten, wurden in den warmen Zwischeneiszeiten von Schmelzwasserströmen zum Teil wieder ausgewaschen, fortgerissen, sortiert und anderwärts erneut abgelagert. Die eiszeitlichen Ab-

Baumaterial des Watts sind unter anderem eiszeitliche Geschiebe: Abbruchkante des Goting-Kliffs (Föhr).

lagerungen bieten somit ein ziemlich buntes Bild – ergänzt um die Materialaufschüttungen, die auch die warmzeitlichen Meeresübergriffe mit sich brachten.

Für das heutige Landschaftsbild sind gerade die beiden letzten Eiszeiten besonders wichtig. Die Saale-Vereisung nahm den größten Raum ein: Mit ihren Gletschern und Geschieben überfuhr sie alle zuvor aufgebauten Strukturen. Die saalezeitliche Materialfracht stellt das Baumaterial der Geest, des heute überflutungssicheren Altmoränenlandes, das stellenweise den Küstenbereich unmittelbar säumt, ihm aber sonst in einigem Abstand folgt. Die mit den Altmoränen vor rund 100 000 Jahren herantransportierten Findlinge oder erratischen Blöcke finden sich in den Großsteingräbern wieder, die gerade in Norddeutschland weit verbreitet sind. In der letzten Eiszeit, der Weichsel-Kaltzeit, erreichten die Eisrandlagen nicht mehr die Ausdehnung der Altmoränen. Die wechselzeitlichen Moränenzüge (= Jungmoränen) verlaufen von der Elbe aus durch den östlichen Teil Schleswig-Holsteins.

Aufbau, Abbau, Umbau

Mit dem nacheiszeitlichen Meeresspiegelanstieg begann die eigentliche Entwicklung der heutigen Küstengestalt im Nordseeraum. Anfangs sehr rasch, seit dem siebten Jahrtausend vor der Gegenwart deutlich langsamer, eroberte die Nordsee altes Terrain zurück. Meeresspiegelanstieg ist eine Bewegung, die sich aus zwei überlagernden Teilabläufen zusammensetzt: Einerseits nahm nach dem Abschmelzen des Eisschilde tatsächlich das Meerwasser wieder zu, und zum anderen senkte sich der Nordseeraum nach der Druckentlastung Skandinaviens und dem Geländeaufstieg Nordosteuropas langsam ab. Relativ zum Festland liefen die Flutstände also immer höher auf. Alte Wattflächen, die sich längst mit einer dichten Pflanzendecke begrünt hatten und damit zur Marsch geworden waren, erodierten oder wurden erneut überlagert. Stellenweise überschütteten die neuen Aufschlickungen küstennahe Moore mit Torfpaketen – Reste davon finden sich immer wieder im Angespül der heutigen Inseln. Schrittweise baute sich die neue Watten- und Marschlandschaft auf, die landseitig bis an die Geest heranreichte. Von ihrer Dynamik hat sie bis heute nichts eingebüßt, denn seit geraumer Zeit ist die Nordsee weiter im Vormarsch.

Unhaltbare Zustände

Wie gleichmäßig reihen sich doch

Auch die großen Findlinge im Watt verraten die Beteiligung der Gletscher an der Landschaftsgeschichte.

Torfstücke im Angespül: Vor der Inselküste (Außenküste) liegen mehrere versunkene Moore.

die West- und Ostfriesischen Inseln vor der heutigen Festlandküste auf. Seegang und Strömungsverhältnisse besorgten hier einen stetigen, landwärts gerichteten Transport des Sandes, der vom Wind schließlich zu hohen Dünen aufgeweht wurde. Westlich von Elbe und Weser wird das Watt daher von reinen Düneninseln begrenzt – relativ jungen Aufbauformen, die sich zudem ständig verlagern: Juist verlagert sich um etwa einen Kilometer im Jahrhundert ostwärts.

Wirr und ungeordnet liegen die Inseln und Halligen im nordfriesischen Wattengebiet – offensichtlich die verbliebenen Fetzen eines ursprünglich zusammenhängenden Landstrichs, der friesischen Uthlande. Die Linie Rømø – Eiderstedt gibt ungefähr an, wo der Küstensaum einmal verlief. Die großen nordfriesischen Inseln Sylt, Amrum und Föhr bestehen in ihren Kernen aus dem gleichen Baumaterial wie die Geest, nämlich den saalezeitlichen Altmoränen. Sie liegen hier einer jungtertiären Aufwölbung auf und sind daher etwas höher als im übrigen Umland. Im 13. Jahrhundert kam hier Bewegung in die Flur: Schwere Sturmfluten, sicherlich unterstützt von weiterer Landsenkung, zerschlugen die küstennahe Geest bis auf ein paar Restportionen und ließen das Land förmlich untergehen. Die Geestreste wuchsen durch Anschlickung von Marschland zu den heutigen Inselkörpern heran. Erst im Mittelalter setzte auch hier die gezeitenbedingte Sandzufuhr und die Bildung der Nehrungsarme (z. B. Listland) ein.

Der Pulsschlag des Meeres

Das Meer ist immer ruhelos. Selbst bei idealem Urlaubswetter ziehen Wellenkämme von See her gegen den Strand – manchmal ohne, häufig aber auch mit helleren Wellenkämmen. Größere Wellen, die von draußen hereinrollen und im Vorstrand Grundberührung erhalten, werden in wildschäumende Brecher und Sturzseen, die Brandung, umgeformt. Alle diese Wasserbewegungen, die das Watt mitformen und Feststoffe vom Grund aufwirbeln, werden letztlich nur von Winden und Luftströmungen ausgelöst. Im weitesten Sinne könnte man sie daher sogar als eine atmosphärische Erscheinung auffassen, deren Ursache im Strahlungshaushalt der Erde zu suchen ist. Mitunter haben solche Meereswellen einen sehr weiten Weg hinter sich, etwa als Dünung aus entfernten Sturmgebieten.

Tägliches Spektakel

Im Unterschied zu den eher unregelmäßigen Wasserstandsveränderungen durch Wellenbewegungen treten im Küstenraum (und bei sehr genauer Messung auch auf hoher See) sehr ganggenaue, periodische Schwankungen der Wasserstände auf. Ihre Ursache ist wahrhaft astronomischer Natur. Als wichtigste Kräftekomponenten sind daran die Schwerefelder von Erde, Mond und Sonne beteiligt, wie bereits der bedeutende britische Physiker Isaac Newton im 17. Jahrhundert richtig erkannte. Die Gesamtheit dieser Erscheinungen bezeichnet man als Gezeiten oder – mit einem niederdeutschen Wort – als Tiden. Sie gehören nicht nur zu den eigentümlichsten geophysikalischen Erscheinungen, die man an der Meeresküste erleben kann, sondern diktieren mit ihrem Rhythmus das gesamte Leben im Watt. Manche Wattenbewohner gehen nur bei Hochwasser auf Nahrungssuche, andere finden sich ausschließlich während der Niedrigwasserstände ein.

Die Entstehung der Gezeiten und ihre Steuerung ist ein recht verzwicktes physikalisches Problem. Wir können uns hier auf eine vereinfachte Modellbetrachtung beschränken.

Die Uhr geht nach dem Mond

Beginnen wir mit dem Kräfteverhältnis zwischen Erde und Mond. Fast überall kann man nachlesen, daß der Mond die Erde als Trabant umkreise. Tatsächlich bewegen sich Erde und Mond jedoch um eine gemeinsame Schwerpunktachse, die wegen der Masseverhältnisse (Erde : Mond = 81:1) noch innerhalb der Erde liegt, und zwar ziemlich genau 1630 Kilometer unterhalb des Äquators oder rund 4740 Kilometer vom Erdmittelpunkt entfernt. Durch die Drehbewegung beider Himmelskörper um die gemeinsame Achse treten auf der Erde Fliehkräfte auf, die vom Mond weggerichtet sind. Diesen Fliehkräften wirkt die Massenanziehung (Gravitation) des Mondes entgegen. Auf der mondzugewandten Seite der Erde bleibt als Ergebnis aus Anziehungskraft und entgegengesetzter Fliehkraft eine gezeitenerzeugende Kraft übrig. Sie bewirkt im Zenit (Scheitelpunkt) des Mondes eine zusätzliche Beschleunigung von $0,115 \cdot 10^{-3}$ cm $\cdot$ sec^{-2} – am Erd-

Die Wellendynamik ist ein wichtiger Gestaltungsfaktor im Lebensraum Watt.

äquator wird ein Mensch dadurch um das Gewicht einer Träne leichter. Auf der mondabgewandten Seite der Erde ist die Massenanziehung des Mondes wegen der größeren Entfernung zu seinem Massezentrum geringer – daher wird hier eine zum Nadir (Fußpunkt) des Mondes gerichtete gezeitenerzeugende Kraft wirksam. Die gezeitenerzeugenden Kräfte bewirken, daß sich auf der mondabgewandten und der mondzugewandten Seite der Erde je ein Flutberg auftürmt. Darunter dreht sich die Erde infolge ihrer Eigenrotation weg. Die großen Kontinente mit ihrer gewaltigen Nord-Süd-Erstreckung stören jedoch die ungehinderte Bewegung unter diesen Flutbergen. An ihren Küsten treten daher zunehmende und abnehmende Wasserstände in rhythmischem Wechsel auf.

Die Sonne zieht mit

Außer dem Mond übt auch die Sonne in vergleichbarer Weise gezeitenerzeugende Kräfte aus, die sich wegen der monatlich wechselnden Winkelstellung der drei Himmelskörper auch noch gegenseitig beeinflussen: Bei Voll- und Neumond befinden sich Mond, Erde und Sonne sozusagen auf einer geraden Linie. Die fluterzeugenden Kräfte summieren sich. Während des ersten und dritten Viertels bilden Mond, Erde und Sonne jeweils ein rechtwinkliges Dreieck – die Mondflutkraft wird dabei um die Gezeitenwirkung der Sonne verringert. Aus diesem Wechsel erklärt sich die halbmonatliche Ungleichheit von Spring- und Nipptiden mit ihrer Periode von 14,77 Tagen. Daneben gibt es auch noch eine monatliche Ungleichheit, die mit der ständig wechselnden Entfernung von Erde und Mond (Periode 27,55 Tage) zusammenhängt, und schließlich ist noch eine tägliche Ungleichheit zu berücksichtigen, die mit der wechselnden Höhe des Mondes über dem Horizont (Periode 27,32 Tage) schwankt. In die besten Rechenprogramme, die die Gezeitenzustände vorausberechnen, sind mehr als 200 steuernde Einzelfaktoren eingebaut.

Was wir in den Wattengebieten der Nordsee an Gezeitenerscheinungen erleben, sind eigentlich die Fernwirkungen von Vorgängen, die sich im Nordatlantik abspielen. Für das Zustandekommen eigener Gezeiten ist das Nordseebecken nämlich viel zu klein. Die atlantische Gezeitenwelle tritt bei den britischen Orkney-Inseln in die Nordsee ein, verläuft dann entlang der englischen Ostküste und trifft bei Borkum auf die deutsche Küste. Sie bewegt sich in östlicher Richtung weiter durch die Deutsche Bucht und verläßt das Nordseebecken entlang der dänischen Küste. Für den Weg von Borkum bis Wangerooge und Helgoland benötigt sie rund eine Stunde. Eine weitere Stunde später hat sie Wilhelmshaven, Cuxhaven und Büsum passiert, und nochmals eine Stunde später Husum, Wyk auf Föhr und Hörnum auf Sylt. Bis zum Ellenbogen an der Nordspitze Sylts braucht sie noch einmal fast eine halbe Stunde. Der gesamte Weg entlang der deutschen Nordseeküste wird daher in rund 3 1/2 Stunden zurückgelegt.

Wenn die Gezeitenwelle aus dem Atlantik in das Nordseebecken eintritt, ist sie bereits fast drei Tage alt. Mit dem gleichen Zeitabstand treten auch die Spring- und Nipptiden nach Voll-/Neumond bzw. Halbmond auf. Zur Beschreibung der verschiedenen Gezeitenerscheinungen werden die in der Farbgraphik eingetragenen Begriffe verwendet. Das Fallen des Wassers wird als Ebbe, das Steigen als Flut bezeichnet. Niedrigwasser und Hochwasser sind dabei auftretende Extrempunkte über Seekartennull. Die auf dem Festland in Meter über NN (=Meereshöhe) angegebenen Werte beziehen sich immer auf das Mittelwasser – gleichsam das arithmetische Mittel aller auftretenden Tidenwasserstände.

Keine Tide gleicht der anderen
Wegen der vielen Ungleichheiten, die in das Gezeitengeschehen eingreifen, sind Steigdauer und Falldauer (Tidenstieg und Tidenfall) zweier aufeinanderfolgender Ebben oder Fluten eigentlich nicht exakt gleich lang. Nur im Mittel beträgt der Zeitabstand vom Niedrigwasser zum folgenden Hochwasser 6 Stunden und 12 Minuten. In Cuxhaven dauert die Flut 5 Stunden 40 Minuten, die Ebbe 6 Stunden 45 Minuten. In Hamburg verschieben sich die Zeiten auf 5 Stunden 4 Minuten und 7 Stunden 21 Minuten, für Geesthacht auf 4 Stunden 18 Minuten und 8 Stunden 7 Minuten. Für das Wattenmeer gilt jedoch, daß sich das Hochwasser von Gezeit zu Gezeit um rund 24 Minuten, von Tag zu Tag um etwa 48 Minuten verspätet – ebenso wie die Aufgangszeiten des Mondes, und tatsächlich liegt der Grund der Verspätung auch in der Bahnbewegung des Mondes um die gemeinsame Schwereachse mit der Erde (Dauer: rund 28 Tage). Während einer Erdumdrehung ist der Mond um 1/28 auf seiner Bahn weitergewandert. Die Erde benötigt also jeden Tag zusätzlich 24/28 Stunden = ungefähr 50 Minuten, um ihren Trabanten auf seiner Bahn einzuholen. Der Wasserstandsunterschied zwischen Hoch- und Niedrigwasser, der sogenannte Tidenhub, beträgt für unsere Küstengebiete zwischen zwei und drei Meter. Am geringsten ist er vor Sylt mit etwa 1,7 Meter, am höchsten in den Ästuarien (Bremen: 3,7 Meter). Während der Springtiden ist der Tidenhub um

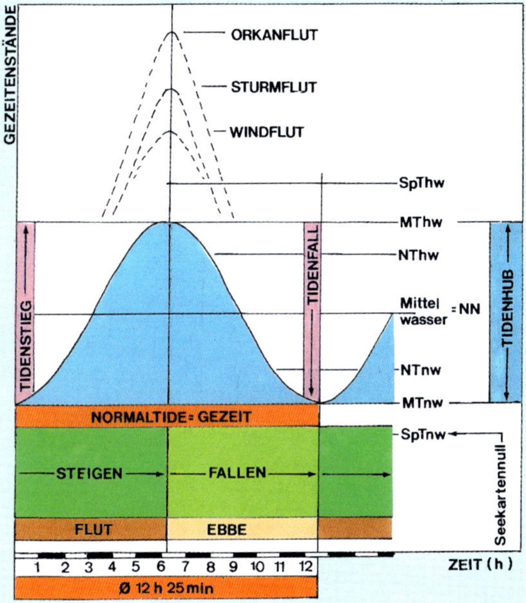

GEZEITENSTÄNDE

Zeitablauf
einer Gezeit
(Tide) und der
Gezeiten-
erscheinungen.
Die Abkürzun-
gen für die
verschiedenen
Wasserstände
werden in
der Tabelle
erläutert.

ORKANFLUT
STURMFLUT
WINDFLUT

SpThw
MThw
NThw

Mittel wasser = NN

NTnw
MTnw

TIDENSTIEG   TIDENFALL   TIDENHUB

NORMALTIDE = GEZEIT

SpTnw

STEIGEN →   ← FALLEN →

FLUT   EBBE

Seekartennull

1 2 3 4 5 6 7 8 9 10 11 12   **ZEIT (h)**

Ø 12 h 25 min

---

etwa 0,5 Meter größer, bei Nipp-
tide um den gleichen Betrag kleiner. Bedingt durch die aktuelle
Wetterlage ist der vorausberech-
nete Tidenwasserstand nicht mit
dem tatsächlichen identisch. Eine
Luftdruckerhöhung um 1 Milli-
bar drückt die Meeresoberfläche
um 1 Zentimeter hinab, da das
Wasser in Gebiete niederen
Drucks abfließt.

Mittlerer Tidenhub an der
deutschen Nordseeküste:

Westerland (Sylt)	1,7 m
Hörnum (Sylt)	1,9 m
Rantum (Sylt)	2,0 m
Wittdün (Amrum)	2,5 m
Wyk (Föhr)	2,6 m
Helgoland	2,3 m
Borkum	2,2 m
Wangerooge	2,8 m
Süderoog	2,8 m
Cuxhaven	2,9 m
Scharhörn	2,9 m
Nordstrand	3,0 m
Büsum	3,2 m
Husum	3,3 m
Bremerhaven	3,5 m
Wilhelmshaven	3,7 m

Standardbezeichnungen für
Gezeitenwasserstände:

MSpThw = Mittleres Spring-
tidenhochwasser
MThw = Mittleres
Tidenhochwasser
MNThw = Mittleres Nipp-
tidenhochwasser
MW = Mittelwasser (=NN)
MNTnw = Mittleres Nipptiden-
niedrigwasser
MTnw = Mittleres
Tidenniedrigwasser
MSpTnw = Mittleres Spring-
tidenniedrigwasser

Die Unterwelt des Watts

Auf den weiten Wattflächen sieht man mitunter nichts oder nur sehr wenig von einer Besiedlung durch Organismen. Schlickbänke und Sandplaten erscheinen nahezu leer – allenfalls ein wenig dekoriert mit angetriebenen Algen, leeren Muschelschalen oder sonstigem Strandgut. Der oberflächliche Eindruck täuscht. Wer im Watt lebt, zieht sich – zumindest bei Niedrigwasser – in den Wattboden zurück und harrt weitgehend im Untergrund dieses „Sechsstundenlandes" aus. Wenn die nächste Flut aufläuft, kommt indessen Bewegung in den Lebensraum.

An jüngeren Abbruchflächen wird der Schichtaufbau des Wattbodens sichtbar.

Das Watt hat's in sich

In jedem durchfeuchteten Boden gibt es etliche größere, auch mit bloßem Auge sichtbare Bodentiere und dazu noch Unmengen mikroskopisch kleiner Organismen. Alle besetzen wichtige Positionen im ökologischen Stellenplan. Eine ihrer wichtigsten Aufgaben ist neben der Abbau der organischen Totstoffe und Bestandsabfälle, die mit jeder Flut in das Watt getragen werden und besonders in den feinkörnigen, bindigen Schlicklagen festgehalten werden. Strudler, Filtrierer, Abfallsammler, Sedimentwühler, Bodenschlucker, Aasfresser – die ganze Palette der Ernährungstypen ist neben den Jägern und Räubern unter den Wattbewohnern vertreten. Was ihnen zu klein oder zu fein verteilt ist, bildet das Futter für die Bakterien im Wattboden.

Verschiedene Gesellschaftsschichten

Jeder Wattwanderer weiß es: Das poröse Sandwatt bietet die beste Standfestigkeit. Im wassergesättigten Schlickwatt sinkt man dagegen sofort ein und legt dabei die tieferen Bodenschichten frei: Blauschwarze Sedimentschichten mit wenig angenehmem Geruch bilden einen auffälligen Kontrast zur Oberfläche. Die gelbbraune Färbung der Oberfläche wird von Eisenverbindungen hervorgerufen, genauer von Eisenhydroxid $Fe(OH)_3$, das an Sandkörnern und zwischen Tonteilchen gebunden ist. Es kann sich nur unter oxidierenden Bedingungen bei optimaler Sauerstoffversorgung bilden. Die helleren belüfteten und durchspülten

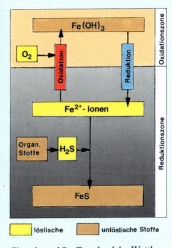

Chemie und Stoffwechsel des Wattbodens. Die Reduktionszone ist sauerstofffrei und wird daher auch anoxische Zone genannt.

Farbige Stockwerke

In den Sandwatten um die friesischen Inseln kommen besondere mikrobielle Gemeinschaften vor, die erst kürzlich stärkere Beachtung gefunden haben: Unter der Oberfläche, die von Wind und Gezeiten umgeschichtet wird, liegt eine relativ feste grünliche bis blaugrüne Zone mit Matten aus Cyanobakterien („Blaualgen"), die den Sand mit ihrem Schleimwerk verkleben, gegen die Strömung sichern und somit zu Inselgründern werden können. Unter der grünlichen Zone folgt eine auffällig purpurrot bis rosa gefärbte Schicht aus verschiedenen Schwefelpurpurbakterien. Und erst die vierte Etage ist der tiefschwarze Wohnraum der sulfidliefernden Bakterien.

Wattbodenschichten bezeichnet man daher als Oxidationshorizont. Unter der Oberfläche ist die Sauerstoffversorgung durch Gasaustausch oder Wasserzutritt nur sehr gering. Bakterieller Stoffabbau zehrt die wenigen Vorräte noch zusätzlich auf. Unter diesen Bedingungen werden die Fe^{3+}-Teilchen zu Fe^{2+}-Ionen reduziert. Sie verbinden sich mit faulig riechendem Schwefelwasserstoff H_2S zu schwerlöslichem, schwarzem Eisensulfid FeS. Der Schwefelwasserstoff wird von besonderen Bakterien geliefert, den Schwefel- und Sulfatreduzierern. Sie können ohne freien Sauerstoff leben. Die Grenze zu diesem schwarzen oder schwarzgrauen Reduktionshorizont liegt im Sandwatt bei 5-10 Zentimeter Tiefe, im Mischwatt bei 1-2 Zentimeter und im Schlickwatt schon bei etwa 3 Millimeter.

Der Wattwurm förderte schwarzes Sediment aus der Reduktionsschicht des Wattbodens.

Lebensräume serienweise

Watt und Wattenmeer als gezeitengeformter Übergangsbereich zwischen offener Nordsee und flutfreiem Festland gliedern sich in mehrere ökologisch enorm unterschiedliche Lebensräume, die zonenartig wie breite Gürtel oder Bandstreifen angeordnet sind. Sie folgen in kennzeichnender Weise aufeinander, abhängig zum einen vom vorherrschenden Sediment und zum anderen auch von der Lage zu den Tidenwasserständen. Die Bereiche nahe den Hochwassermarken liegen während der Ebbezeit am längsten trocken. Mehr als zehn Stunden kann es dauern, bis das Meerwasser hierher zurückkommt, um nur für zwei Stunden zu verweilen. Diese Zone ähnelt daher schon eher den festländischen Lebensgemeinschaften. Zum Niedrigwasserniveau hin werden die tidalen Trockenzeiten immer kürzer, und folglich tritt hier auch der Meeresbodencharakter deutlicher in den Vordergrund.

Ablesbar sind diese Unterschiede im Gelände unter anderem daran, ob sich bereits ein geschlossener Pflanzenbewuchs eingestellt hat oder ob die Lebensgemeinschaften überwiegend aus Tieren zusammengesetzt sind, die sich während der Ebbe zu einem großen Teil im Wattboden verbergen oder dort überhaupt sehr zurückgezogen leben. Vegetationskundlich ist somit zwischen dem Dauergrünland der Groden und Heller im Deichvorland bzw. im abgedeichten Koog (Polder) auf der einen und den überwiegend freien Wattflächen auf der anderen Seite zu trennen. Geologisch müssen diese so unterschiedlich aussehende Bereiche jedoch einheitlich als junges Schwemm-

Ökologische Gliederung des Wattenmeeres. Vom offenen Meer bis zur Deichkrone erstreckt sich eine abwechslungsreiche Folge unterschiedlicher Biotope und Lebensgemeinschaften. (Verändert nach HEYDEMANN.)

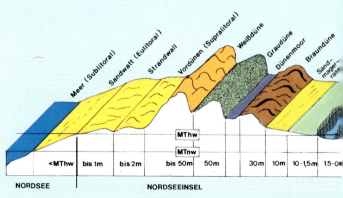

und Marschland verstanden werden.
Wo im Wattenmeer Inseln liegen, nimmt die Abfolge der einzelnen Lebensräume einen etwas anderen Verlauf. Hier reichern nämlich die aufgeschütteten und durch Windverfrachtung zusätzlich aufgehöhten Sandkörper der Außensande, der großen Sandinseln oder der Inselnehrungen das Bild an: Die grauen Watt- und grünen Wiesenflächen werden mosaikartig durchsetzt.

Hoch hinaus

Die Außensande ragen meist nur wenig über die Linie des Mitteltidenhochwassers hinaus. Ihre Entwicklung endet meist mit dem Vor- oder Primärdünenstadium. Anders bei den großen Sandinseln: Hier weht der Wind den trockenen Sand im Luv zu steilkuppigen Weißdünenserien auf. Auf den Dünenkämmen siedeln sich Gräser wie Strandhafer oder Helm als Sandfänger an. Zunehmend kann sich die Pflanzendecke verdichten, weitere Arten kommen hinzu, die Düne erhält ein anderes Gesicht – sie wandelt sich zur Graudüne, in der kaum noch weißer Sandboden sichtbar ist, dafür jedoch die Graugrüntöne der Dünenpflanzen die Szene bestimmen. Schließlich siedeln sich Zwergsträucher an und überziehen die zur Braundüne gewandelten Sandberge mit atlantischer Heide.

Im Watt gewachsen

Ganz anders präsentieren sich die kleinen flutgefährdeten Schlickrücken der nordfriesischen Wattenlandschaft: Die Halligen sind der Festlandküste weit vorgelagerte Schwemmlandinseln mit Salzwiesen und Weideland – sozusagen kilometerweit ins Watt verpflanzte Deichvorlandflecken. Meist wurden sie schon vor Jahrhunderten künstlich erhöht und tragen nun Einzelgehöfte oder dichtgedrängte Kleinstdörfer. Auf ähnlichen Erdhügeln siedelte sich der Mensch auch in der unbedeichten Marsch an. Regional erhielten die Siedlungskerne im Marschland unterschiedliche Bezeichnungen: Im Weser-Jade-Gebiet heißen sie (die) Wurt, im Weser-Elbe-Raum (die) Wierde, in Ostfriesland (der) Warf, auf der Halbinsel Eiderstedt (die) Wort, und in Nordfriesland (die) Warft.

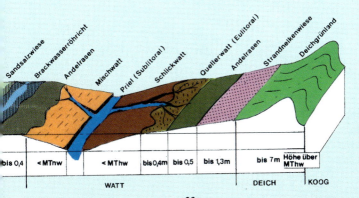

Salzwiesen und Verlandungszonen

Gesalzene Probleme

Nähert man sich dem Watt von der Seeseite, zeigt sich die Festlandsnähe nicht nur durch flaches Wasser oder freifallende Flächen, sondern auch am Bewuchs: Landpflanzen drängen ins Watt vor und bauen hier die einzigartigen Lebensgemeinschaften der Salzwiese auf. Nahe am Deich sehen diese Pflanzengemeinschaften fast noch so aus wie jede beliebige binnenländische Futterwiese oder Standweide. Weiter unten im Vorland und auf den Außengroden tauchen jedoch völlig andere Pflanzentypen auf – derbe, lederige, dickblättrige, stämmige, fleischige, kompakte Gestalten. Beißen Sie doch einmal auf eine solche Pflanze aus der Wattwiese. Den Ökofaktor, der das Leben an diesem Standort prägt, kann man eindeutig herausschmecken: Salz.

Ein Lebensraum für Spezialisten
Echten Meerespflanzen wie den größeren Algen oder Tangen geht es im häufig umgeschichteten Misch- oder Schlickwatt einfach zu locker zu – ihnen fehlen ja die Wurzeln, mit denen sie sich im Weichboden sicher verankern könnten. Zum Festkrallen oder Festkleben ist das Wattsediment völlig ungeeignet. Die auf Durchwurzelung viel besser eingerichteten Landpflanzen sind da klar im Vorteil. Doch sie haben große Probleme mit dem salzigen Meerwasser. Spezialisten, die sich dennoch unterhalb der Linie des Mitteltidenhochwassers ansiedeln und zweimal täglich eine kräftige Salzdusche erhalten, bilden die ökologisch so interessante Gruppe der Salzpflanzen oder Halophyten.

Das Salz des Todes
Für die meisten Blütenpflanzen ist Salz im Boden ein schweres Gift. Ein simpler Versuch bringt den Beweis: Stellt man frische Schnittblumen aus dem Garten in eine Vase mit Meerwasser, welken sie zusehends vor sich hin. Ein ähnlicher Versuch findet mit den Streusalzeinsätzen gegen winterliche Straßenglätte statt: Unser Straßenbegleitgrün nimmt das stetige Einpökeln nach aller Erfahrung sehr übel. Die typische Landpflanze ist eben auf den Umweltfaktor Salz überhaupt nicht eingerichtet.

Auch für die Halophyten ist das Salz durchaus ein Thema. Sie können ihre Gewebe nicht einfach gegen die tägliche Salzflut abschotten, sondern müssen es sogar in größeren Mengen schlucken. Wollte eine Salzpflanze über den Wurzelraum nur das Wasser des Schlickbodens ohne die darin gelösten Salzteilchen aufnehmen, gäbe es alsbald ernsthafte Probleme mit dem weiteren Wassernachschub. Nach einem sehr einfachen physikalischen Grundgesetz kann Wasser nämlich nur in Richtung der höheren Salzkonzentration fließen – auch innerhalb der Gewebe und Zellen einer Salzpflanze. Ein Halophyt ohne Salzbefrachtung gäbe daher Wasser an die Umgebung ab und müßte ebenso verwelken wie der Löwenzahn in der Meerwasser-Blumenvase, selbst wenn er mit den Wurzeln im quietschnassen Wattboden steckte. Im Unterschied zu den festlandsbewohnenden Blütenpflanzen haben die blumigen Salzpflanzen jedoch eine Reihe von Vorkehrungen entwickelt, um mit dem Umweltfaktor Salz besser zurechtzukommen. Einige dieser Anpassungen kann man förmlich sehen.

Sode, Salz und Sukkulenz
Ein besonderes Merkmal der Salzpflanzen wird Ihnen sofort auffallen:
Viele Halophyten, die das Salz für die Suppe in sich tragen, haben auffallend kleine Blätter. Bei der Strand-Sode sind es ungeteilte, dickliche Fäden. Beim Milchkraut finden wir nur wenige Quadratmillimeter große, rundliche Blätter. Je weiter man in den Salzwiesen, den Hellern, seewärts in Richtung Tidenniedrigwasserlinie vorgeht, um so kleiner und unauffälliger werden die Blätter der Halophyten. Der Queller, bestandsbildende Pionierpflanze nahe der Niedrigwassermarke, geht sogar noch einen Schritt weiter: Er entwickelt überhaupt keine Blätter mehr und sieht mit seinen verdickten Achsen aus wie eine verzweigte grüne Salzstange.
Diejenigen Pflanzen aus dem unteren Watt, die am häufigsten und längsten mit dem Meersalz zu kämpfen haben, verkleinern also die Oberfläche ihrer Blattorgane, nehmen aber gleichzeitig an Volumen zu – eine Erscheinung, die man als Sukkulenz bezeichnet und die tatsächlich an das Aussehen von Wüstenpflanzen erinnert. Kleine Oberflächen setzen nur wenig Wasser um, und mächtige Speichergewebe ermöglichen eine gewisse Bevorratung. Halophyten legen es offensichtlich darauf an, ihren Wasserverbrauch möglichst einzuschränken, um nicht unnötig Salz schlucken zu müssen.

Ladung lagern oder löschen
Auf Dauer leiden aber selbst sehr eingefleischte Halophyten unter der ständigen Salzzufuhr aus dem Wattboden. Fast alle Pflanzen der Salzwiesen versuchen daher, das überschüssig aufgenommene Meersalz irgendwie loszuwerden. Einjährige Salzpflanzen wie der Queller oder die Strand-Sode regulieren überhaupt nicht. Sie speichern das Salz in großen Mengen, bis sie im Herbst tot umfallen. Andere Salzpflanzen sind weniger opferfreudig: Sie werfen ihre mit Salz vollgestopften Blätter ab, entwickeln ständig neue und schaffen somit immer weiteren Stauraum.
Die Salzmelde wirft lediglich ihre mit Salz gefüllten Blatthaare wie Abfalltüten weg, und der schmucke Halligflieder schwitzt das gefährliche Meersalz einfach mit besonderen Blattdrüsen aus. Etwa 500 Salzdrüsen je Quadratzentimeter Blattfläche geben die Salzfracht in kleinen Salzschüppchen ab, die das Niederschlagswasser bei nächster Gelegenheit abwäscht.

Das Salz bestimmt den Standort
Von der Deichkrone aus ist es klar zu erkennen: Eine Salzwiese ist kein einheitlicher, ungegliederter Bestand, sondern eine Abfolge verschiedener Pflanzengesellschaften. Zwischen Hoch- und Niedrigwasserlinie besetzen sie jeweils nur eine ganz bestimmte Zone – offenbar abhängig von der Dauer der Überflutung und der Salzbelastung. Ganz unten im Watt werden die Pflanzen von jeder Flut überspült. Weiter oben im Vorland nimmt der Einfluß der Gezeiten allmählich ab. Nur die Springfluten oder Sturmfluten reichen besonders weit herauf. Die abgestufte Salzbelastung zeigt sich eindrucksvoll in den Besiedlungsgürteln von oben nach unten. Wenn man etwas genauer hinschaut, kann man mindestens vier breite Streifen unterscheiden, die jeweils von spe-

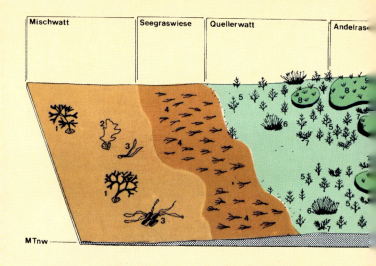

Profil einer Außendeich-Salzwiese. <u>Freie Wattfläche</u>: **1** Blasentang (*Fucus vesiculosus*), **2** Meersalat (*Ulva lactuca*), **3** Darmtang (*Enteromorpha linza*). <u>Seegraswiese</u>: **4** Zwerg-Seegras (*Zostera noltii*). <u>Quellerwatt</u>: **5** Queller (*Salicornia europaea*), **6** Schlickgras (*Spartina townsendii*), **7** Strand-Sode (*Suaeda maritima*). <u>Andelrasen</u>: **8** Andel (*Puccinellia maritima*), **9** Strand-Salzmelde (*Halimione portulacoides*), **10** Strand-Milchkraut (*Glaux maritima*), **11** Salz-Schuppenmiere (*Spergularia salina*), **12** Strand-Dreizack (*Tri-*

ziellen Pflanzen besetzt werden. Gegen die Deichkrone nimmt der Artenreichtum ebenso zu wie die Blumigkeit der beteiligten Arten.

Ökologie zum Miterleben

Gehen wir einmal auf dem weichen Wattboden voran – so weit die Füße tragen: Seewärts wird die Vegetation immer schütterer und einförmiger. Nahe am Bereich der Niedrigwassermarke werden wahrscheinlich nur ein paar größere Grünalgen oder Brauntange zu finden sein, die sich auf besonders großen Steinen oder verdrifteten Muscheln angeheftet haben. Sie gehören noch nicht zur eigentlichen Salzwiese.

Der erste von höheren Pflanzen aufgebaute Gürtel ist die <u>Seegraswiese</u>, oberhalb der MTnw-Linie meist nur aus dem Zwerg-Seegras zusammengesetzt. Obwohl die Seegrasblätter sehr schmal sind, werden sie von etlichen Kleinsttieren als Hartbodenersatz genutzt und besiedelt. Für die überwinternden Ringelgänse bilden gerade die Seegraswiesen einen unersetzlichen Nahrungsvorrat.

Während die Seegräser im Gezeitenstrom fluten, wachsen im anschließenden Quellerwatt aufrechte und einigermaßen strömungsfeste Pflanzen, allen voran der formenreiche Queller, dann aber auch das sehr resistente Schlickgras mit seinen ausgedehnten Horsten.

Die nachfolgende Pflanzengesell-

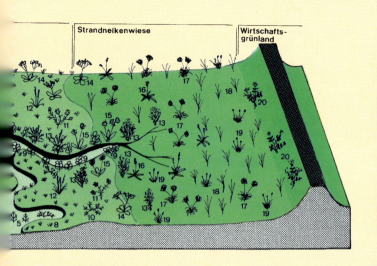

glochin maritimum). <u>Strandwermutgebüsch:</u> **13** Strand-Wermut (*Artemisia maritima*), **14** Halligflieder (*Limonium vulgare*), **15** Salz-Aster (*Aster tripolium*). <u>Strandnelkenwiese</u> bzw. <u>Bottenbinsenwiese:</u> **16** Strand-Wegerich (*Plantago maritima*), **17** Strandnelke (*Armeria maritima*), **18** Rot-Schwingel (*Festuca rubra*), **19** Salz- oder Bottenbinse (*Juncus gerardii*). <u>Ausgesüßte Marschwiese:</u> **20** Wiesen-Hornklee (*Lotus corniculatus*).

schaft, der <u>Andelrasen,</u> setzt ungefähr im Bereich der MThw-Linie an und ist oft mit einer kleinen Stufe gegen das Quellerwatt abgesetzt. Bei Beweidung dieser „unteren Salzwiese" ist das Andelgras die aspektbestimmende Art. Ohne Beweidung überzieht sich diese Salzwiese mit zahlreichen imposanten Stauden, etwa mit dem stark duftenden Strand-Wermut, der hübschen Salz-Aster oder dem Halligflieder. Häufig sind diese Bestände jedoch ebenso wie die Salzmelde auf die Ränder der Priele beschränkt. Nicht jede Flut greift auf den Andelrasen über – etwa 150 bis 250 Überflutungen im Jahr kommen vor.

Auf höher gelegenen, etwa 35 bis 130 Zentimeter über der MThw-Linie anstehenden Flächen wird der Andelrasen von der <u>Strandnelkenwiese</u> oder „Oberen Salzwiese" ersetzt – eine Gesellschaft, die bei starker Beweidung fast nur noch vom Rot-Schwingel beherrscht wird und deshalb auch als Rotschwingelwiese bezeichnet wird. Oft ist diese Gesellschaft auch als <u>Bottenbinsenwiese</u> mit der Salz-Binse als wichtigste Kennart entwickelt. Nur während der Springtiden, also rund zwei dutzendmal im Jahr, wird die Obere Salzwiese überflutet.

Der Übergang zum Wirtschaftsgrünland vollzieht sich fließend. Die Grenze ist überschritten, wo Allerweltsarten wie Hornklee oder Wiesen-Klee auftreten.

Darmtang	**Meersalat**
Enteromorpha linza	*Ulva lactuca*
Grünalgen	Grünalgen
Ulvaceae (*Chlorophyceae*)	Ulvaceae (*Chlorophyceae*)

Merkmale: Flache, zartgrüne, bandförmige und am Rand gewellte Alge, bis 5 cm breit und 50 cm lang.
Vorkommen: Festgewachsen auf Steinen, Muscheln oder Schnekken, oft freitreibend in der Gezeitenzone. Häufige Grünalge.
Besonderes: So hübsch, wie sie im Wasser fluten, kann man sie auch auf weißen Papierbögen konservieren: Man breitet eine oder mehrere dieser Algen auf einem angefeuchteten Bogen Schreibpapier oder Karteikarton flach aus, arrangiert die Pflanzen nach ihrer Wuchsform und trocknet dann unter mäßigem Druck zwischen Zeitungen.

Merkmale: Kräftig grüne, ziemlich feste, flächige Alge, etwa 10 – 80 cm lang und wechselnd breit. Mitunter bandförmig und einem Darmtang ähnlich, doch meist viel breiter. Fühlt sich nicht so schleimig an.
Vorkommen: Festgewachsen auf größeren Steinen, Muscheln oder größeren Brauntangen, aber auch freitreibend in der Gezeitenzone.
Besonderes: Im Unterschied zum verwandten Darmtang ist sie niemals röhrig hohl, sondern immer blattartig flach. Für Wattschnekken bilden die Tanglappen richtige Miniaturwiesen; oft kriechen sie darauf umher und weiden die unsichtbaren Diatomeen ab.

Echtes Seegras
Zostera marina
Seegrasgewächse (*Zosteraceae*)

Zwerg-Seegras
Zostera noltii (*Z. nana*)
Seegrasgewächse (*Zosteraceae*)

Merkmale: Mehrjährige Pflanze mit flutenden, dreinervigen, bis 9 mm breiten und 50 cm langen Blättern.
Vorkommen: Bestandsbildend von der Niedrigwasserlinie (MTnw) bis in etwa 4 m (selten bis 10 m) Wassertiefe. Häufig auch angespült.
Besonderes: Seegräser blühen – sehr unscheinbar – unter Wasser. Ihre fadenförmigen Pollen werden von den Tidenströmungen verfrachtet. Die Vermehrung erfolgt hauptsächlich durch Ausläufer im Weichboden.
Ökologisch sind die Seegraswiesen als Laichplätze für etliche Nutzfischarten sowie zur Sedimentfestlegung wichtig.

Merkmale: Mehrjährige Pflanze mit einnervigen, um 1 mm breiten, flutenden Blättern von grasgrüner bis schwarzgrüner Färbung.
Vorkommen: Bestandsbildend in der unteren Gezeitenzone bis etwa 1 m Wassertiefe.
Besonderes: Die bei uns überwinternden, in der arktischen Tundra beheimateten Ringelgänse ernähren sich fast ausschließlich von den bei Ebbe freifallenden Beständen des Zwerg-Seegrases. Da den Tieren immer nur kurze Zeiten für die Nahrungsaufnahme zur Verfügung stehen, dürfen sie durch allzu neugierige Beobachter nicht unnötig aufgestört werden.

Gemeiner Queller
Salicornia europaea
Gänsefußgewächse
(*Chenopodiaceae*)

Merkmale: Einjährige, formenreiche Pflanze mit aufrechten, niederliegenden oder aufsteigenden verzweigten Stengeln, 5–30 cm hoch.

Vorkommen: Leitart des Quellerwatts unterhalb der Mitteltidenhochwasserlinie.

Besonderes: Der Queller gehört zweifellos zu den eigenartigsten Gestalten unter den Wattpflanzen. Mit seinen fleischig verdickten Stengeln und Ästen sieht er eher aus wie ein zu klein geratener Kandelaberkaktus, und tatsächlich entwickelt die Pflanze keine Blätter. Alle typischen Aufgaben der Blätter werden von den Stengelgliedern übernommen. Im Quellerwatt kann man bei einigem Suchen verschiedene Wuchstypen finden, die auch genetisch unterschiedlich sind und eigenen Kleinarten zugeordnet werden, beispielsweise dem stark verzweigten Ästigen Queller (*S. ramosissima*) oder dem Aufrechten Queller (*S. dolichostachya*), dessen obere Äste steil aufgerichtet sind. Im Herbst bietet das Quellerwatt ein unglaubliches Farbspektakel: Die Pflanzen färben nach Gelborange bis intensiv Purpurrot um.

Queller kann man essen – junge Pflanzen roh, etwas ältere Exemplare nach kurzem Garen in kochendem Wasser.

| **Strand-Sode** *Suaeda maritima* Gänsefußgewächse (*Chenopodiaceae*) | **Schlickgras** *Spartina townsendii* Süßgräser (*Poaceae*) |

Merkmale: Verzweigte, niederliegende oder aufrechte Pflanze mit dicklichen, drehrunden Blättern, etwa 10–40 cm hoch.
Vorkommen: Häufig auf Schlickböden der Gezeitenzone, meist zusammen mit dem Queller im Quellerwatt. Weltweit verbreitet.
Besonderes: Der Geschmackstest beweist es: Auch die Sode ist ein echter Halophyt, der große Mengen Meersalz speichert. Zeitweise wurde die Pflanze zur Sodagewinnung gesammelt. Man kann die hübsche Salzsukkulente ebenso wie den Queller auch für ein Wattpflanzenmenü verwenden.
Die Herbstfärbung fällt bei dieser Pflanze weniger auffällig aus.

Merkmale: Mehrjähriges Gras mit aufrechten, bis 80 cm hohen Stengeln in dichten, breiten Horsten. Blätter 7–15 mm breit.
Vorkommen: Quellerwatt und Ränder des Andelrasens.
Besonderes: Das große, hochwüchsige Schlickgras, das früher zur Förderung der Anschlickung eigens angepflanzt wurde, ist eine Kuriosität: Es entstand erst durch Bastardierung mit dem einheimischen Niederen Schlickgras (*S. maritima*), dessen Blätter höchstens 5 mm breit sind (Wuchshöhe bis 40 cm), und der amerikanischen Art *Spartina alterniflora* um die Jahrhundertwende an der Kanalküste.

Strand-Salzmelde, Salz-Keilmelde
Halimione portulacoides
Gänsefußgewächse (*Chenopodiaceae*)

Merkmale: Mehrjährige, bis 1 m hohe Pflanze mit bogig aufsteigenden Zweigen und gegenständigen, graugrünen Blättern.
Vorkommen: Meist bestandsbildend an Prielrändern und Gräben oder im unteren Bereich der Strandnelkenwiese nahe der MThw-Linie.
Besonderes: Die Strand-Salzmelde ist neben dem Strand-Wermut die einzige Pflanze, die man noch zu den Gehölzen rechnen kann: Zumindest an der Basis sind die Äste und Zweige sichtlich verholzt. Höherwüchsige Gehölze sind in unseren Breiten aus klimatischen Gründen im Watt nicht existenzfähig. Die Strand-Salzmelde vertritt somit als Halbstrauch eine Pflanzenformation, die in den Tropen regelrechte Gezeitenwälder (= Mangrove) aufbaut.
Salzmelden säumen besonders gerne die Prielränder. Sieht man sich einmal unter dem Gezweig ein wenig um, versteht man auch den Grund: Fast alle Gänsefußgewächse sind ausgesprochen stickstoffliebende Pflanzen, die nährstoffreiche Böden deutlich bevorzugen. Unter den Salzmelden findet man fast immer verrottende Pflanzenreste oder Leichen von Wattentieren, die die Flut durch die Priele hereinträgt – sicher eine Art Friedhof, in dem die organischen Reste abgebaut werden und in den Boden gelangen.

| **Strand-Wermut,** Strand-Beifuß
Artemisia maritima
Korbblütengewächse
(*Asteraceae*) | **Salz-Aster,** Strand-Aster
Aster tripolium
Korbblütengewächse
(*Asteraceae*) |

Merkmale: Mehrjährige, reichästige Pflanze mit silbrig-weißen, stark fiederteiligen Blättern. Etwa 30 bis 60 cm hoch.
Vorkommen: Kennart des Strandwermutgebüschs und der unteren Strandnelkenwiese.
Besonderes: Auch der Strand-Wermut ist ein Halbstrauch mit verholzter Basis, der zumindest die Andeutung einer Gehölzformation am Rande des Watts vertritt. Wie alle *Artemisia*-Arten verströmt auch der Strand-Wermut ein angenehmes, sehr spezifisches Aroma, wenn man die silbrig behaarten Blätter ein wenig zerreibt – ein Hochgenuß für die Nase.

Merkmale: Mehrjährige, aufrechte, verzweigte Pflanze bis etwa 60 cm Höhe mit lanzettlichen, dicklichen Blättern. Blütezeit: VII – X.
Vorkommen: Prielränder, Salzwassergräben und Salzwiesen (ohne Beweidung).
Besonderes: Die Salz-Aster macht ihrem Namen alle Ehre, denn auch sie speichert in ihren Blattorganen beträchtliche Salzmengen. Sehen wir uns die Blütenköpfe genauer an: Die blaßvioletten Zungen- und Randblüten sind weiblich (können bei manchen Exemplaren fehlen), die gelben Röhren- oder Scheibenblüten dagegen zwittrig. Auch im Fruchtaspekt ein Schmuckstück.

Strandnelke
Armeria maritima
Bleiwurzgewächse (*Plumbaginaceae*)

Merkmale: Mehrjährige, polsterförmig wachsende Pflanze mit grasähnlichen, schmalen Blättern, etwa 5 bis 50 cm hoch. Blütezeit: V – XI.

Vorkommen: Meist bestandsbildend in der oberen Salzwiese (Strandnelkenwiese).

Besonderes: Die Mehrzahl der Pflanzenarten der Salzwiesen blüht relativ spät. So richtig bunt sind die (unbeweideten) Außengroden und Heller daher erst im fortgeschrittenen Hochsommer. Die bei den Friesen auch Kranzrusen genannten Strandnelken bilden da eine bemerkenswerte Ausnahme: Die hellrosa bis kräftig gefärbten Blütenköpfe zeigen sich auch schon im späten Frühjahr und überziehen die Salzwiese mit rosafarbenen Tupfern – eine der wenigen Arten, die auch im Deichvorland von Insekten besucht und bestäubt wird. Ansonsten beherrschen an diesen offenen Standorten ja die windblütigen Arten die Szene.

Die schmalen, fleischigen Blätter, die der Pflanze auch den Namen Grasnelke (oder im Friesischen Grasfilitte) eingetragen haben, sind zweifellos eine besondere Anpassung an den Standort: Sie setzen nur wenig Wasser um, bieten andererseits aber doch genügend Stauraum, um die gelegentliche Durchtränkung des Standortes bei Springfluten zu bewältigen.

Strandflieder, Halligflieder
Limonium vulgare
Bleiwurzgewächse (*Plumbaginaceae*)

<u>Merkmale:</u> Mehrjährige Pflanze mit sehr derben, ungeteilten, großen Blättern und aufrechtem, ästigem Blütenstand, bis 50 cm hoch. Blütezeit VII–IX.

<u>Vorkommen:</u> Von den höheren Stellen des Andelrasens bis zur Strandnelkenwiese.

<u>Besonderes:</u> Zweifellos ist der Halligflieder, von den Friesen Bundestave oder Bondestave genannt, eine der schönsten Blumen der Salzwiesen. Vom fortgeschrittenen Hochsommer bis in den Frühherbst hinein überziehen die reichästigen Blütenstände die oberen Salzwiesen mit einem kräftigen violettblauen Farbschimmer. Beweidung erträgt die Pflanze durchaus, denn sie wird vom Vieh wegen ihrer harten Blätter und Stengel fast immer gemieden. Dagegen ist sie gegen „Verbiß" durch blumenpflückende Touristen kaum gefeit. In Mengen abgerissene Blütenstände, die sich fatalerweise sehr gut für Trockensträuße eignen, haben die Bestände sehr dezimiert. Heute darf man die schmucke Pflanze nicht mehr pflücken, denn sie gehört zu den besonders geschützten Arten im Sinne der Bundesartenschutzverordnung.

Der Strandflieder ist zwar salzverträglich, zeigt jedoch keine Sukkulenzerscheinungen. Seine lederigen, großen Blätter sind eher an Trockenheit gut angepaßt.

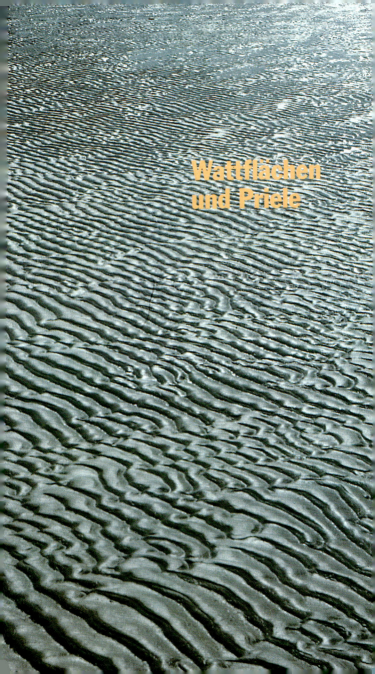

Wattflächen und Priele

Leben unter Schritt und Tritt

Den weitaus größten Teil des Wattenmeeres machen die freien Wattenflächen und die sie durchziehenden Priele aus.

Wandert man vom Deich über die saftigen Salzwiesen und Verlandungszonen an sie heran, so bestätigt sich der Blick von weitem. Von einer arten- und formenreichen Lebewelt ist (fast) keine Spur zu sehen. Und doch trügt der Blick. Die freien Wattflächen bergen eine ungeheure Fülle von Organismen in sich, die man in diesem unwirtlich anmutenden Sediment kaum für möglich halten würde. Die Wattflächen sind Heimat einer Lebensgemeinschaft, der wir nicht sofort gewahr werden. Es ist quasi eine Lebensgemeinschaft auf den zweiten Blick. Sie trotzdem zu entdecken und zu begreifen, ist eine spannende Angelegenheit und erfordert ein scharfes Auge. Wer den Wattorganismen auf die Schliche kommen will, muß zum Spurensucher werden. Prinzipiell lassen sich die Lebewesen auf den Wattflächen in zwei Gruppen einteilen: solche, die auf der Oberfläche des Bodens leben und solche, die direkt im Sediment ihr Dasein fristen und unseren Blicken somit verborgen bleiben. Beide Lebensformentypen bedingen für die Bewohner besondere Verhaltensweisen und Anpassungsmechanismen, um erfolgreich im Watt bestehen zu können. Beschäftigen wir uns zunächst mit den Organismen, die auf dem Sediment leben. Sie fallen dem Wattwanderer sofort ins Auge. Gleich beim Betreten der Wattflächen fällt uns die gelblichbraun gefleckte Oberfläche der Sande auf. Mikroskopische Kieselalgen (Diatomeen, S.

46) bilden diesen feinen Belag. So überflüssig er uns auch erscheint: Dieser Teppich bildet die Nahrungsgrundlage fast allen tierischen Lebens im Wattenmeer; ohne ihn wären die Organismen in diesem Lebensraum kaum so arten- und individuenreich vorhanden. Da das Sonnenlicht, das sie für die Photosynthese benötigen, nur wenige Millimeter ins Sediment vordringt, bleiben die kleinen Algen in ihrer Verbreitung auf die Oberfläche beschränkt. Große Pflanzen sind Mangelware auf der Wattoberfläche. Einzig die Seegräser (S. 31) haben den Sprung vom Land ins Watt geschafft. Tange (Große Algen) haben es schwer, sich am Boden zu verankern, denn sie benötigen einen festen Untergrund, um nicht fortgespült zu werden. Dieser aber fehlt auf den freien Wattflächen völlig, und deshalb trifft man sie auch nur an den Molen, Buhnen und Muschelbänken an. Einzig der Darmtang setzt sich zuweilen in den Sandtrichtern des Wattwurmes (S. 60) fest.

Verdorren will keiner

Der reichhaltige Diatomeenrasen wird vor allem von den Strand- und Wattschnecken beweidet, die in großer Dichte den Wattboden besiedeln können. Um die Zeit des Trockenfallens überdauern zu können, benötigen sie wie alle Meerestiere einen wirksamen Austrocknungsschutz: ihr Gehäuse, in das sie sich gegebenenfalls zurückziehen können. Die lückenlos verschließbaren Klappen der Miesmuscheln erfüllen die gleiche Aufgabe. Auf den weiten Flächen des Wattenmeeres setzen sie ganz besondere Akzente und bilden ausgedehnte Muschelbänke, die in ihrer Eigenart und Besiedlung sich gänzlich von ihrer Umgebung unterscheiden. Von ihnen wird in einem eigenen Kapitel noch die Rede sein (siehe S. 76). Auch der kräftige Panzer der Strandkrabbe (S. 66) bewirkt einen aktiven Austrocknungsschutz, doch ist er nicht so wirksam, daß die Tiere über viele Stunden hinweg an der Sedimentoberfläche aushalten können. Deshalb verkriechen sie sich häufig an schattigen Stellen nahe der Buhnen und Muschelbänke und graben sich oberflächlich ein, um vom Porenwasser des Sedimentes zu profitieren. Die größeren von ihnen wandern mit der Ebbe in die Priele hinab und erwarten dort die Flut.

Verborgene Vielfalt
Der formenreichste Anteil der Wattorganismen aber lebt direkt im Boden und bleibt für unser Auge (scheinbar) unsichtbar. Und doch läßt sich so manches Mal voraussagen, was sich im Boden verbirgt, wenn man nur die Spuren kennt und ausmacht, die die Tiere an der Bodenoberfläche hinterlassen. Das Leben im Dunkeln schützt zwar vor der drohenden Austrocknung, aber wirft dafür andere existenzielle Probleme auf. Das Dringlichste ist das der Sauerstoffversorgung.

Atmen tut not
Das Sediment enthält je nach Korngrößenverteilung nur wenig Porenwasser, und der begrenzte Sauerstoff ist bei einer so hohen Besiedlungsdichte der Tiere schnell verbraucht. Deshalb sind die unteren Schichten des Wattbodens auch frei von Sauerstoff (Näheres dazu S. 20). Wer trotzdem im Sediment überleben will,

Lebensraum Wattboden: **1** Wattschnecke, **2** Pfeffermuschel, **3** Kotpillenwurm, **4** Plattmuschel, **5** Schlickkrebs, **6** Herzmuschel, **7** Wattwurm, **8** Seeringelwurm, **9** Bäumchenröhrenwurm, **10** Sandklaffmuschel, **11** Miesmuschel, **12** Strandschnecke.

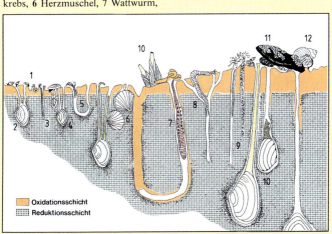

verschafft sich einen Zugang zum freien Wasser an der Oberfläche. Das Problem kann auf verschiedene Weise gelöst werden. Viele Würmer bauen ein mehr oder weniger starres Wohngangsystem, durch das sie das Wasser heranstrudeln. Es kann entweder blind enden oder aber auch verschiedene Aus- und Eingänge haben. Wattwürmer (S. 60) und Schlickkrebse (S. 64) bauen z.B. eine U-förmige Röhre, so daß ein ständig fließender Wasserstrom aufrechterhalten werden kann. Als Pumpe dienen Fächerbeine, Blattfüße oder auch rhythmische Bewegungen des Körpers. Muscheln haben einen anderen Mechanismus entwickelt, sich auch in der Tiefe des Bodens mit Sauerstoff zu versorgen. Sie bilden zwei lange Atemschläuche (Siphone) und strudeln durch den einen das frische Atemwasser an, während es durch den anderen Schlauch wieder abgeatmet wird. Bei der Sandklaffmuschel (S. 53) sind die Siphone zusätzlich durch eine derbe Haut eingeschlossen und gegenüber der Umgebung geschützt. Das Dasein im Boden und die damit anfallenden Versorgungsschwierigkeiten mit Sauerstoff lassen es günstig erscheinen, den angestammten Platz nicht zu verlassen. Zu viel Sediment müßte man beim Wohnungswechsel mühsam zur Seite schieben. Und trotzdem: Es gibt auch einige unermüdliche Wanderer im Wattboden wie z.B. den räuberischen Opalwurm (S. 57), der allerdings in seiner Verbreitung weitgehend auf die oberen, gut durchlüfteten Wattbereiche beschränkt bleibt.

Das Futter liegt am Boden
Bleibt noch ein zweites wichtiges Problem für die Tiere im Wattboden zu meistern: die Ernährung. Wie soll man sich bei einer standorttreuen Lebensweise etwas Freßbares verschaffen? Auch zu diesem Problem haben die Tiere des Wattenmeeres originelle Mechanismen entwickelt, die jedem ein Auskommen sichern, ohne in zu starke Konkurrenz mit anderen Mitbewohnern zu treten. Viele Muscheln beispielsweise filtrieren mit ihrem Atemwasser Plankton und feine Schwebepartikel (Detritus) ein und filtrieren sie mit ihren Kiemen ab. Andere benutzen die Spitze ihrer langen, dünnen Atemschläuche als Pipette, wenn sie den Boden ringsum nach Mikroorganismen absuchen. Viele Würmer und Schlickkrebse tasten die Bodenoberfläche mechanisch nach Partikeln ab, bauen Schleimnetze oder stellen komplizierte Reusenapparate auf wie etwa die Bäumchenröhrenwürmer (S. 63). Wattwürmer (S. 60) und Kotpillenwürmer (S. 59) schließlich schlucken gleich das ganze Sediment ab und scheiden die unverdaulichen Anteile als Kotschnüre wieder aus. Diese charakteristischen Kotsandhaufen sind es, die sie an der Oberfläche als Abraum absetzen. Prinzipiell beweglich leben im Wattenmeer eigentlich nur die Beutegreifer wie die Strandkrabben, einige räuberische Würmer und natürlich Garnelen, Fische, Vögel und Robben.

Manche mögen's schlickig
Warum also findet man nicht überall verstreut im Boden Wattwürmer und Schlickkrebse? Sind die Lebensverhältnisse nicht überall annähernd gleich? Tatsächlich bevorzugen die Bodenbewohner des Wattbodens nur bestimmte Gebiete, in denen sie dann jedoch nicht selten in unvorstellbarer Besiedlungsdichte vorkommen. Ein Faktor bestimmt neben den Strömungsverhältnissen und dem Gezeiten-

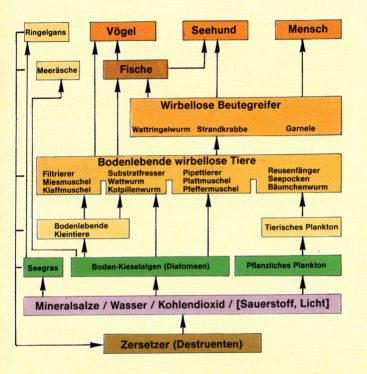

Nahrungsbeziehungen im Watt: Schon der vereinfachte Ausschnitt zeigt die komplexe Vernetzung der Wattbewohner und verdeutlicht, wie sehr die Konsumentengruppen voneinander abhängen.

niveau maßgeblich die Verteilung: die Korngrößenzusammensetzung des Wattbodens. Das feinkörnige Schlickwatt, das sich meist in den oberen Bereichen abgelagert hat, beherbergt vor allem Schlickkrebse, Kotpillenwürmer und Wattringelwürmer. Ihre typischen Spuren an der Oberfläche charakterisieren das Schlickwatt. Vorsicht: Binnen weniger Schritte kann man knietief im Boden stehen.

Das Mischwatt (meist im mittleren Gezeitenniveau) ist die Domäne des Wattwurmes, der die Bodenoberfläche durch seine unverwechselbaren Trichter und Kotsandhaufen prägt. Außerdem leben hier vorzugsweise der Rasenringelwurm sowie die Herz- und Sandklaffmuschel.

Das Sandwatt der unteren Gezeitenzone birgt als an der Oberfläche sichtbare Leitform den Bäumchenröhrenwurm. In diesem Bereich befinden sich auch die weithin sichtbaren Miesmu-

Jeder Wattbodentyp hat seine charakteristischen Bewohner bzw. Leitorganismen.
Die hellen Streifenabschnitte zeigen die Hauptverbreitung der Arten an, die gerasterten Anteile die Gesamtausdehnung ihrer Wohnbereiche.

schelbänke, auf die an anderer Stelle (S. 76) näher eingegangen werden soll, und die direkt benachbarten Weidezonen der Strandschnecken.

Der reißende Strom
Der niedrigste Bereich des Wattenmeeres sind die Priele, und mit ihnen öffnet sich das Tor zur Dauerflutzone. Seesterne, Garnelen, Schwimmkrabben und Einsiedlerkrebse kann man hier antreffen und natürlich eine große Zahl von Stand- und Jungfischen. Einen besonderen Blick sollte man auch auf die Ufer der Priele werfen.
Besonders dort, wo sie eine Kurve beschreiben, bildet sich auf der Außenseite ein Steilhang, der in schneller Abfolge abbröckelt und die Bodenbewohner freisetzt. Mit dem fortschreitenden Uferabbruch kann man die typischen U-förmigen Wohnröhren der Wattwürmer und Schlickkrebse beobachten, und auch die tief eingegrabenen Sandklaffmuscheln werden hier binnen kürzester Zeit freigespült. Für die Muschel werden diese großräumigen Sedimentverlagerungen zum tödlichen Verhängnis. An den seichteren Uferseiten der Prielmäander stellt sich eine gänzlich andere Situation dar. Hier verlagert sich das Sediment nicht so schnell, und deshalb werden hier zartere Lebensspuren nicht abrupt abgetragen, sondern zunächst nur freigespült. Die dichtgedrängt stehenden Röhren des Pygospio-Wurmes (S. 62) lassen sich dann besonders schön beobachten.
Die Priele besitzen auch eine bedeutende biologische Bedeutung: Sie dienen als Heimstatt unzähli-

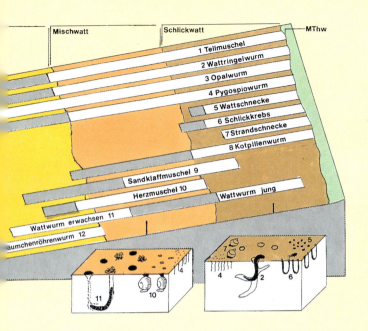

ger Wattgarnelen, Standfische (z.B. Aalmuttern) und vor allem als „Kinderstube" für Jungfische (z.B. Scholle). Hier können sie sich im Schutz des Flachwassers und weitgehend unbehelligt von Raubfischen (z.B. Kabeljau) entwickeln. Beim Durchwaten flacher Furten schießen sie urplötzlich vor einem auf und entfliehen nach allen Seiten. Was bleibt uns als Fazit: Der erste Blick hat uns getäuscht. Das Watt wimmelt von Leben, wenn wir nur mit scharfen Augen hinschauen und begreifen lernen.

**Wattdiatomeen –
Flora im Kleinstformat**
Auf den ersten Blick erscheint ein Watt weithin ausgeräumt und leer. Aber gehen Sie doch einmal auf Leseabstand zum Wattboden: Jetzt zeigen sich wahrscheinlich etliche Tierspuren. Gewiß kriechen auch ein paar Dutzend millimetergroße Wattschnecken umher, und beim genauen Hinsehen werden sicher auch die umherwimmelnden Schlickkrebse sichtbar. Das stille Watt ist quicklebendig. Noch mehr Tiere stecken tief darin. Zählt man die komplette Belegschaft nur eines Quadratmeters Wattboden auf, kommen ansehnliche Zahlen in den Zehn- und Hunderttausendern zusammen. Das Watt erweist sich somit als ein von Tieren dominiertes Lebensraumgefüge. Pflanzenbewuchs fehlt oder ist auf die landseitigen Wattränder beschränkt. Da stellt sich doch die Frage, wovon die so zahlreich vertretenen Arten und Individuen eigentlich leben. Sicher ist das Watt kein blühender Garten, aber dennoch gibt es Pflanzliches.

Nur im Mikroskop kann man die bootförmigen Wattdiatomeen einzeln erkennen.

Denn man sieht nur die im Lichte
Jede auf Dauer angelegte Lebensgemeinschaft benötigt zum Funktionieren Primärproduzenten – Pflanzen, die aus anorganischen Rohstoffen (Wasser und Kohlendioxid) unter Ausnutzung des Sonnenlichtes durch Photosynthese energiereiche organische Substanz aufbauen. Diese stofflich gebundene Energie wird über die Nahrungskette weitergereicht und von den nachgeschalteten Gliedern verarbeitet. Der Energiefluß bleibt jedoch nur bestehen, wenn ständig pflanzliche Biomasse produziert und nachgeschoben wird. Um die Primärproduzenten des Watts zu entdecken, die diese Leistungen vollbringen, muß man schon sehr genau hinsehen. Man sieht sie zudem auch nicht einzeln, sondern allenfalls ihre Massenansammlungen: Es sind nämlich mikroskopisch kleine, in oder auf den obersten Sedimentschichten lebende Algen, überwiegend Kieselalgen oder Diatomeen aus der Algenklasse *Bacillariophyceae.* Zur Ebbezeit und bei kräftigem Sonnenschein kriechen sie aus ihren Verstecken zwischen den Sand- und Tonteilchen auf die Oberfläche, um photosynthetisch Stoffe zu produzieren oder sich zu vermehren. Sie reichern sich dabei in solchen Massen an, daß der Wattboden fleckenweise goldbraun erscheint. Auf einer nur fingernagelgroßen Wattfläche findet sich (zumindest während der warmen Jahreszeit) etwa eine halbe Million Algenzellen ein. Gelegentlich können es aber auch noch erheblich mehr – bis zu drei Millionen – sein.

Die im Dunkeln sieht man nicht
Etwa 50 verschiedene Kieselalgenarten leben ständig im Wattboden. Nicht alle Individuen dieser Mikroflora halten sich während der Ebbezeit auf dem feuchten Watt auf. Viele bleiben auch in den obersten Sedimentlagen, denn bis etwa ein Zentimeter Tiefe dringt genügend Licht für die Photosynthese ein. Bei Bedarf können sich die einzelligen Kieselalgen auch zwischen den Sedimentteilchen höher hinaufzwängen, um sich ins rechte Licht zu setzen. Die pflanzlichen Stoffproduzenten sind also sehr kleine, weitgehend sedimentgebundene Artengefüge. Ökologisch kann man sie als Mikrophytobenthos auffassen. Ein Makrophytobenthos, wie es das Bild des Felswatts mit seinen bunten Tangfeldern prägt, fehlt im Weichbodenwatt.

Braungelb glänzt der Wattboden zwischen Kriech- und Laufspuren: Millionen von Wattdiatomeen überkleiden das Sediment.

Von den Mikroalgenvorräten des Wattbodens, die durch Importe aus dem Plankton der Tidenströme aufgestockt werden, lebt das Watt – direkt die große Zahl der Pflanzenverzehrer und Gemischtköstler, indirekt die nicht wenigen tierverzehrenden Arten bis hin zu den großen Vogelschwärmen.

Algen in gläserner Verpackung
Kieselalgen bauen sich durchsichtige, sehr zarte gläserne Zellgehäuse, die wie kleine Miniaturpaläste aussehen. Am meisten fasziniert an diesen raffinierten Konstruktionen wohl die geradezu unglaubliche Formenfülle mit ihren Rippen-, Spanten-, Durchbrechungs- und Fenstermustern. Ultramodern wirkt diese eigenartige Architektur, wenn sie mit den Mitteln der Mikrofotografie in für uns anschaulichere Dimensionen übertragen wird. Die eigentliche Alge sitzt damit gleichsam im eigenen Gewächshaus. Noch erstaunlicher ist jedoch, daß sie sich mit diesem völlig starren Gebilde überhaupt bewegen kann. Immerhin muß sie beim Aufsteigen aus dem Wattboden Berge von Sedimentteilchen durchstoßen und sie auch bei der Rückkehr erneut durchtunneln. Wie sie es schaffen, ist noch weitgehend unbekannt.

Ohrenqualle
Aurelia aurita
Hohltiere (*Coelenterata*)

Merkmale: Sofort erkennbar am großen, durchsichtigen Gallertschirm mit den 4 weißen, orange und violetten Geschlechtsorganen, die wie Hufeisen geformt sind. Durchmesser bis 40 cm.

Vorkommen: In Küstengewässern und auf der offenen See. Nach starken, anlandigen Winden in großen Mengen am Strand angespült und in den Prielen treibend, besonders im Sommer.

Lebensweise: Im Angespül des Strandes erscheinen uns Quallen häßlich, glitschig und unangenehm. Wie schnell würden wir unsere Meinung ändern, wenn wir sie im freien Wasser beobachten könnten, wo sie sich majestätisch mit der Strömung treiben lassen oder durch rhythmische Kontraktionen ihres Schirmes zu eleganten Schwimmern werden. Die Ohrenqualle ist die häufigste der 5 heimischen Medusen. Sie ernährt sich von kleinen Planktontieren, die an ihren gefiederten Mundarmen hängenbleiben. In der Entwicklung durchlaufen Quallen abwechselnd ein Medusen- und ein Polypenstadium (Foto rechts). Letzteres ist viel kleiner und sitzt am Boden der Dauerflutzone.

Vorsicht vor den orangefarbenen Feuerquallen (*Cyanea capillata*): Ihre Nesselzellen durchschlagen mühelos die Haut des Menschen, verursachen heftigen Juckreiz und Hautausschläge.

Gemeine Strandschnecke, Hölker
Littorina littorea
Weichtiere (*Mollusca*)

Merkmale: Kräftiges, kegelförmiges Gehäuse mit bis zu 7 Umgängen; Oberfläche mit feinen Spiral- und Zuwachsstreifen, die bei alten Gehäusen vollständig abgewetzt sind. Höhe bis zu 4 cm.

Vorkommen: Auf den weiten Wattflächen in der Gezeitenzone, häufig in direkter Nähe von Muschelbänken, Buhnen und Molen.

Lebensweise: Die Strandschnecke lebt als Weidegänger auf der Oberfläche von Sedimenten und Hartböden, wo sie mit ihrer Raspelzunge den Diatomeenrasen abgrast (siehe S. 46). Dabei hinterläßt sie breite Kriechspuren (Foto rechts), anhand derer man leicht feststellen kann, wie weit sie im Laufe der letzten Tide gekrochen ist.

An das periodische Trockenfallen im Rhythmus der Gezeiten ist die Strandschnecke hervorragend angepaßt. Bei Wassermangel zieht sie sich mit ihrem Weichkörper in ihr Gehäuse zurück und verschließt dies mit einem festen Deckel. Bei ausreichender Luftfeuchtigkeit öffnet sie die Mündung nur einen winzigen Spalt für die Luftzufuhr und kann so mühelos auch einige Tage ohne Wasser überleben.

Zur Fortpflanzung entlassen die Weibchen viele tausend Eier ins Wasser. Die ausschlüpfenden Schwimmlarven tragen bereits ein Gehäuse.

Gemeine Wattschnecke
Hydrobia ulvae
Weichtiere (*Mollusca*)

Merkmale: Zartes, spitzes Gehäuse mit 7 wenig gewölbten Umgängen. Die Mündung ist oval und oben durch eine stumpfe Spitze gekennzeichnet. Höhe bis 6 mm.

Vorkommen: An der Oberfläche oder flach eingegraben im Sand- und Schlickwatt. Zuweilen werden sie in riesigen Mengen im Angespül gefunden (Foto rechts).

Lebensweise: Wattschnecken grasen die Oberfläche des Bodens nach kleinen Blaualgen und Diatomeen (siehe S. 46) ab. Sie können sich aber auch unter die Wasseroberfläche heften und bilden dann ein langes Schleimband, an dem Planktonorganismen kleben bleiben und anschließend verzehrt werden. Sobald die Ebbe wieder einsetzt, lassen sie sich zu Boden sinken. Wenn sie bei niedrigem Wasserstand trockenfallen, graben sie sich nach einer Phase intensiver Nahrungsaufnahme in den Boden ein und erwarten dort die nächste Flut. Durch ihre schleimigen Kriechspuren und die Bildung verkitteter Kotpillen tragen die Schnecken bei ihrer enormen Siedlungsdichte ($100\,000/m^2$) wesentlich dazu bei, daß die Sande nicht vom Wasser verdriftet werden, sondern statt dessen sedimentieren und neuen Wattboden bilden.

Wellhornschnecke, Coxe
Buccinum undatum
Weichtiere (*Mollusca*)

Merkmale: Spindelförmiges, kräftiges Gehäuse mit einer deutlich gewellten Oberfläche (Name). Körper weiß mit schwarzen Flecken. Höhe bis 12 cm.
Vorkommen: In den tiefer gelegenen Wattbereichen und Prielen.
Lebensweise: Die Wellhornschnecke lebt als Beutegreifer und Aasfresser. Mit ihrem langen Sipho kann sie ihre Nahrung sehr genau chemisch orten. Aus ihrem Schlund fährt sie dann einen langen Rüssel aus, der an der Spitze mit einer scharfen Raspelzunge bewehrt ist. Damit kann sie selbst verwinkelte Krebspanzer ausfressen.
Auffällig sind ihre angespülten Laichballen (siehe Foto, oben).

Gewölbte Kopfschildschnecke
Retusa obtusa
Weichtiere (*Mollusca*)

Merkmale: Gehäuse walzenförmig und mit einer langen, schlitzförmigen Mündung, die im unteren Bereich erweitert ist. Die älteren Umgänge treten nur wenig, aber doch deutlich als kleine Spitze hervor. Höhe bis 1 cm.
Vorkommen: Eingegraben in Sand- und Schlickböden von der Gezeitenzone an abwärts.
Lebensweise: Die harmlos wirkenden Kopfschildschnecken erweisen sich bei näherer Betrachtung als gierige Fresser. Neben Aas- und Pflanzenresten aller Art verschlingen sie sogar vollständige Wattschnecken (siehe S. 50), die selbst nur wenig kleiner sind als sie selbst.

Gemeine Herzmuschel
Cerastoderma edule
Weichtiere (*Mollusca*)

Merkmale: Kräftige, rundliche Schalenklappen mit 25 teilweise beschuppten Radiärstreifen. Der Rand ist gezähnt, die Innenseite zeigt nur am Außenrand Radiärriefen. Länge bis 5 cm.

Vorkommen: In Sand- und Grobsandböden; von der Gezeitenzone an abwärts.

Lebensweise: Herzmuscheln leben 1–2 cm tief im Boden vergraben. Durch ihre kurzen Siphone (Atemrohre) strudeln sie mit dem Atemwasser zugleich auch organische Partikel ein, die sie mit den Kiemen abfiltrieren. Da sie durch Wellenbewegungen und Bodenverdriftungen leicht freigespült werden, sind sie sehr beweglich. So können sie mit ihrem kräftigen Fuß aktiv auf oder dicht unterhalb der Sedimentoberfläche umherkriechen, um sich an günstigerer Stelle erneut einzugraben. Da sie eine wichtige Nahrungsquelle für Krebse, viele Fische und Vögel darstellen, wird die Jungbrut im Lauf ihres Daseins drastisch reduziert. Nur wenige Muscheln werden so kräftig, daß sie keine Feinde mehr fürchten müssen. Sie gelten in den Niederlanden und Frankreich als Delikatesse und werden deshalb mit schweren Schleppnetzen vom Wattboden abgesammelt. Leider schädigt diese Fangmethode die übrige Lebensgemeinschaft am Boden schwer.

Sandklaffmuschel
Mya arenaria
Weichtiere (*Mollusca*)

Merkmale: Kräftige Schale; Hinterende spitz und weit klaffend (Name). Die linke Klappe ist etwas kleiner als die rechte und am Schloß durch einen löffelartigen Fortsatz gekennzeichnet. Farbe weiß, durch die umliegenden Sedimente jedoch häufig verfärbt. Die größte Muschel im Wattenmeer, Länge bis 15 cm.

Vorkommen: In Sand- und Schlickböden; von der Gezeitenzone an abwärts.

Lebensweise: Sandklaffmuscheln leben bis zu 30 cm tief im Boden vergraben. Den Kontakt zur Oberfläche halten sie durch zwei miteinander verwachsene Atemschläuche (Siphone). Beide werden durch eine gemeinsame derbe Hülle geschützt (Foto links). Auf dem Wattboden zeugt nur ein 1–3 cm weites, kreisrundes Loch von der Anwesenheit der Muschel.

Während die Jungmuscheln noch einen funktionstüchtigen Grabfuß besitzen, mit dem sie auch den Platz wechseln können, bilden die Erwachsenen den Fuß zurück und leben standorttreu. Wenn sie einmal freigespült werden, so können sie sich nicht wieder eingraben und schauen dann als „Steckmuschel" aus dem Boden heraus. Bei Erschütterung ziehen sie ihre Siphonen zurück und spritzen das überflüssige Wasser als Fontäne aus dem Atemloch.

Amerikanische Schwertmuschel
Ensis directus
Weichtiere (*Mollusca*)

Merkmale: Schmale Schalenklappen mit leichter Krümmung. Die Außenseite ist mit einer glänzenden Haut überzogen. Farbe innen weiß, außen gelbbraun und gestreift. Länge bis 16 cm.
Vorkommen: In Sandböden; von der Gezeitenzone an abwärts.
Lebensweise: Diese Art wurde 1978 erstmalig im Wattenmeer gefunden und bildet seither dort große Bestände. Wahrscheinlich wurde sie aus den USA eingeschleppt. Bei Gefahr zieht sie sich schnell tief in den Boden zurück. Außerdem kann sie sich durch rhythmische Klappenbewegungen schwimmend fortbewegen und entkommt so ihren Feinden, den Seesternen.

Baltische Plattmuschel
Macoma balthica
Weichtiere (*Mollusca*)

Merkmale: Kräftige, gewölbte Schale; vorne abgerundet, hinten zugespitzt. Die Außenseite ist farbenfroh gestreift (Foto), die Innenseite einheitlich gelb bis rot. Länge bis 3 cm.
Lebensweise: In Sand- und Schlickböden; von der Gezeitenzone an abwärts.
Lebensweise: Diese Art, auch „Rote Bohne" genannt, liegt in 3–5 cm Bodentiefe seitlich auf der rechten Schalenklappe. Zwei schlanke Atemschläuche (Siphone) halten die Verbindung zur Oberfläche. Mit dem Einstromsipho wird die benachbarte Umgebung nach Nahrungspartikeln abgesucht und wie mit einer Pipette abgesaugt.

| **Große Pfeffermuschel**
Scrobicularia plana
Weichtiere (*Mollusca*) | **Strahlenkörbchen**
Mactra corallina
Weichtiere (*Mollusca*) |

Merkmale: Zerbrechliche, flach ovale Schale; ein wenig klaffend. Die Schalenklappen sind an der Oberfläche konzentrisch gestreift. Farbe weiß bis dunkelgrau. Länge bis 6 cm.
Vorkommen: In Sand- und Schlickböden der Gezeitenzone.
Lebensweise: Die große Pfeffermuschel ist ein typischer Bewohner des Schlickwatts. Sie lebt etwa 15 cm tief eingegraben in einer kleinen, mit Wasser gefüllten Höhle und pipettiert von dort mit dem langen und senkrecht nach oben führenden Einstromsipho die umliegende Sedimentoberfläche nach organischen Partikeln ab. Diese werden eingesogen und an den Kiemen abfiltriert.

Merkmale: Schalenklappen sehr zerbrechlich und flach oval geformt. Außenseite ist mit feinen konzentrischen Farbstreifen gezeichnet. Farbe braun bis graugrün, Streifen braun, rot oder weiß. Länge bis 6 cm.
Vorkommen: In Sand- und Schlickböden; von der Gezeitenzone an abwärts.
Lebensweise: Strahlenkörbchen leben dicht unterhalb der Oberfläche. Bei Umschichtungen des Bodens durch Wasserströmungen werden sie deshalb leicht freigespült. Mit ihrem Fuß können sie sich jedoch schnell wieder eingraben oder fortbewegen, um für sich günstigere Standorte zu finden.

Gefleckter Blattwurm
Anaitides maculata
Borstenwürmer (*Polychaeta*)

<u>Merkmale:</u> Körper sehr schmal und gestreckt, aus etwa 250 Segmenten bestehend, jedes mit 1 Paar blattförmiger Stummelfüße. Der Kopf trägt 4 Augen und 2 Paar Taster. 4 Paar kurze Fühler entspringen direkt hinter dem Kopf. Am Hinterende sind zwei Schwanzfäden ausgebildet. Farbe gelb bis grün, mit einem braunen Streifen auf dem Rücken und je einer dunklen Punktreihe auf den Blattfüßen. Länge bis 10 cm.

<u>Vorkommen:</u> Auf Algen, Muschelbänken, Weich- und Hartböden; von der Gezeitenzone an abwärts.

<u>Lebensweise:</u> Blattwürmer ernähren sich räuberisch von Aas und anderen Würmern, die sie mit ihrem Rüssel vollständig verschlingen. Ein ausgelegter Köder lockt schon nach kurzer Zeit viele von ihnen an. Sie selbst schützen sich vor Feinden durch schleimige Hautabsonderungen. Im Frühjahr bilden mehrere Weibchen gemeinsam einen grünen gelatinösen Ballon, den sie an der Wattoberfläche oder Gegenständen mit einem Stiel befestigen (Foto links). In den Innenraum der Kugel legen sie in langen Schnüren ihre grünen Eier ab, aus denen nach wenigen Tagen zunächst kleine Schwimmlarven schlüpfen. Aus ihnen entwickeln sich kleine segmentierte Würmer, die zum Bodenleben übergehen.

| **Opalwurm**
Nephthys hombergii
Borstenwürmer (*Polychaeta*) | **Grüner Seeringelwurm**
Nereis virens
Borstenwürmer (*Polychaeta*) |

Merkmale: Körper langgestreckt und im Querschnitt quadratisch. Der Wurm besteht aus etwa 200 Segmenten mit je einem Paar beborsteter Stummelfüße. Der kleine Kopf trägt keine Fühler. Am Hinterende wächst ein langer Schwanzfaden. Farbe rosa bis fleischfarben, perlmuttrig schimmernd. Länge bis 20 cm.
Vorkommen: In Sand- und Feinsandböden; von der Gezeitenzone an abwärts.
Lebensweise: Opalwürmer bauen keine festen Röhren, sondern graben sich in etwa 5–20 cm Tiefe durch den Boden. Als Allesfresser ernähren sie sich von Algenresten und anderen Würmern.

Merkmale: Sehr ähnlich wie der Schillernde Seeringelwurm, doch viel größer und mit breiteren Stummelfüßen. Ausgewachsene Tiere werden bis zu 90 cm lang (meist nur die Hälfte). Farbe blaugrün (Foto) oder dunkelbraun bis kupfern; stark schillernd.
Vorkommen: In Grob- und Schlicksanden; von der Gezeitenzone an abwärts.
Lebensweise: Die Würmer leben in verzweigten, mit Schleim ausgekleideten Gangsystemen. Ernährung ähnlich wie bei der folgenden Art. Auffällig ist das durch Temperatur und Mondphase synchronisierte Massenschwärmen im Frühjahr (meist Anfang April).

Schillernder Seeringelwurm
Nereis diversicolor
Borstenwürmer (*Polychaeta*)

Merkmale: Körper langgestreckt und im Querschnitt rund; hinterer Teil leicht abgeflacht. Der Kopfbereich trägt 4 Augen, 2 wulstige Palpen und 4 Paar Fühler. Der ausstülpbare Rüssel ist mit zwei kräftigen Kiefern bewehrt. Jedes der bis zu 120 Segmente trägt ein Paar beborsteter Stummelfüße. Am Hinterende befinden sich zwei Schwanzfäden (Unterschied zum Opalwurm!).
Farbe gelb, grün, rot bis braun, Rückenader des Gefäßsystems rot durchscheinend. Bis 12 cm lang.
Vorkommen: In Sand- und Schlickböden, von der Gezeitenzone an abwärts; auch in unteren Bereichen der Salzwiesen.

Lebensweise: Wie sein großer Verwandter, der Grüne Seeringelwurm, baut auch diese Art ein verzweigtes Gangsystem in den Wattboden, das mehrere Ausgänge hat. Der Wurm verläßt diese Behausung nur selten und ergreift statt dessen mit seinen Kiefern Algenreste, Aas und Kleingetier in der unmittelbaren Nähe der Bodenlöcher. Er kann aber auch im Gangsystem einen Schleimvorhang absondern und anschließend durch Fächelbewegung einen Wasserstrom erzeugen. Herangestrudelte Nahrungspartikel bleiben kleben und werden mitsamt der Schleimtapete aufgenommen.

Kotpillenwurm
Heteromastus filiformis
Borstenwürmer (*Polychaeta*)

<u>Merkmale:</u> Körper sehr dünn und extrem dehnungsfähig (siehe Foto links). Der Wurm besitzt keine deutlichen Körperanhänge, der Kopf ist nicht abgesetzt, Hinterende mit unscheinbarem Schwanzfaden. Beim ersten Hinschauen erinnert der Wurm an ein dünnes Gummiband. Farbe rot, zuweilen am Hinterende auch gelb bis grün. Länge bis 18 cm, Durchmesser bis 1 mm.
<u>Vorkommen:</u> In der Reduktionszone von Sand- und Schlickböden, von der Gezeitenzone an abwärts.
<u>Lebensweise:</u> Kotpillenwürmer leben ähnlich wie die Wattwürmer (S. 60) als Substratfresser. Sie legen im Boden ein weitverzweigtes und mit einer Schleimtapete ausgekleidetes Gangsystem an. Mit dem Hinterende sitzen die Tiere in einer senkrecht zur Oberfläche führenden Röhre, durch die sie frisches Atemwasser heranpumpen und ihre Kotpillen an die Oberfläche befördern. Diese werden zu kleinen charakteristischen Häufchen aufgeworfen, deren Sediment meist dunkler ist als das der Oberfläche (siehe Foto rechts). In nährstoffreichen Schlickböden können bis zu 7000 Tiere/m^2 auftreten. **Vorsicht:** Die Spuren des Kotpillenwurms sind das untrügliche Zeichen für schlickigen Wattboden. Hier kann man tief in den Boden einsinken.

Wattwurm, Pierwurm, Köderwurm
Arenicola marina
Borstenwürmer (*Polychaeta*)

<u>Merkmale:</u> Segmentierter Körper deutlich dreigeteilt:
1. Abschnitt (6 Segmente und Kopf) walzenförmig verbreitert;
2. Abschnitt (13 Segmente) mit paarigen roten Kiemenbüscheln;
3. Abschnitt ohne Körperanhänge. Aus dem Mund kann ein großer Rüssel ausgestülpt werden. Farbe rotbraun bis fast schwarz, Jungtiere gelb bis rosa. Länge bis 30 cm.

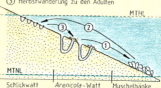

Wanderverhalten der Wattwürmer

<u>Vorkommen:</u> In Sand-, Misch- und Schlickwatten; von der Gezeitenzone an abwärts.

<u>Lebensweise:</u> Dieser Wurm gehört zu den bedeutenden Charakterformen des Wattenmeeres. Auf den Flächen der Sandwatten findet man seine typischen Spuren: eigentümliche, in Schlingen gelegte Kotsandhaufen und ein dicht daneben einfallender Trichter (Foto rechts). Beide bilden das Ende einer bis zu 25 cm tiefen L- bis U-förmigen Röhre.
Wattwürmer ernähren sich als

60

Substratfresser, indem sie den am Trichter in den Gang hineinfallenden nährstoffreichen Sand aufnehmen und die organischen Partikel darin verdauen. Das Sediment wird durch den After ausgestoßen. Dazu kriechen die Würmer mit dem Hinterende an die Sedimentoberfläche und werfen ihre „Sandwürste" zum Kotsandhaufen auf. Frisches Atemwasser wird in entgegengesetzter Richtung durch rhythmische Körperbewegungen in den Wohngang eingepumpt.

Durch seine besondere Lebensweise trägt der Wattwurm aktiv zur Umschichtung der Oberflächensedimente bei.

Zur Fortpflanzung geben die Männchen ihre Spermien ins Wasser ab. Die Weibchen pumpen sie mit dem Atemwasser ein und befruchten so die im Wohngang abgelegten Eier. Aus ihnen schlüpfen kleine Schwimmlarven. Nach einer planktonischen Phase siedeln sich die Jungwürmer in den Muschelbänken an.

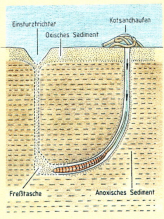

Wohnröhre eines Wattwurms

Pygospio-Wurm, Rasen-Ringelwurm
Pygospio elegans
Borstenwürmer (*Polychaeta*)

Merkmale: Körper schlank, mit bis zu 60 Segmenten. Am Kopf sitzen 2 lange Fühler-Palpen und bis zu 4 Paar Augen. Die Segmente tragen jeweils ein Paar kleiner Stummelfüße. Das Hinterende zeigt 4 weiß irisierende, zapfenähnlich geformte Cirren. Farbe gelb bis grünlich. Länge bis 1,5 cm.

Vorkommen: In Schill-, Sand- und Schlickböden, von der Gezeitenzone an abwärts.

Lebensweise: Dieser Wurm lebt in einer dünnen Wohnröhre, die bis zu 9 cm tief in den Boden reicht und im oberen Bereich auch verzweigt sein kann. Innen ist sie mit einer festen Schleimtapete verkleidet. Nach außen hin haften ihr kleine Sedimentpartikel an (siehe Foto links).

Der Wurm ernährt sich, indem er mit seinen dicht bewimperten, langen Kopffühlern die direkte Umgebung der Wohnröhre nach Diatomeen (siehe S. 46) und organischen Partikeln absucht oder diese direkt aus dem Wasser herausfängt. Besonders eindrucksvoll kann man die in dichten Rasen stehenden freigespülten Röhren (Name!) an den Ufern der Priele beobachten. Pygospio-Würmer besitzen ein enormes Regenerationsvermögen. Nur wenige Segmente können einen vollständigen Wurm nachbilden.

Bäumchenröhrenwurm
Lanice conchilega
Borstenwürmer (*Polychaeta*)

<u>Merkmale:</u> Körper gestreckt, bis zu 300 Segmente. Der Kopf trägt ein Büschel langer, sehr feiner Tentakel und 3 Paar rote Kiemenbüschel. Farbe gelb, rosa bis bräunlich. Länge bis 30 cm.

<u>Vorkommen:</u> In Sandböden, Muschelbänken und Seegraswiesen; von der Gezeitenzone an abwärts.

<u>Lebensweise:</u> Das auffälligste an diesem Wurm ist seine filigrane, aus Schillpartikeln zusammengeklebte Bäumchenkrone. Um die feinen Fortsätze am Rand der Röhre aufbauen zu können, sammelt der Wurm kleine Schillpartikel von der umgebenden Oberfläche, legt sie in seiner zu einer Rinne umgeformten Oberlippe zu einer Reihe zusammen und setzt anschließend den vollständigen Ast an die Röhrenmündung.

Die Tiere ernähren sich, indem sie vorbeitreibende Partikel und Planktonorganismen mit ihren feinen Fangarmen abfangen. Die weiteste Ausdehnung der Bäumchenkrone wird deshalb senkrecht zur Strömungsrichtung gebaut. Auch suchen sie die Oberfläche der direkten Umgebung nach Mikroorganismen ab. Häufig stehen sie dichtgedrängt in kleinen „Rasen" zusammen (siehe Foto rechts). Schon die kleinen Wurmlarven, die im Wasser treiben, haben bereits eine kleine Wohnröhre.

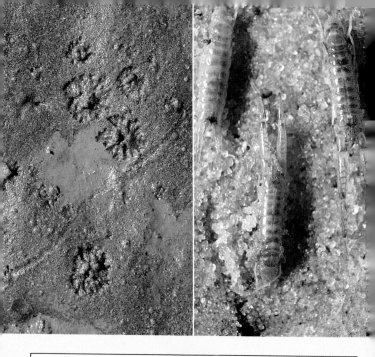

Schlickkrebs
Corophium volutator
Krebse (*Crustacea*)

Merkmale: Schlanker Körper mit zwei auffälligen Antennenpaaren. Besonders das 2. Paar ist kräftig entwickelt. Farbe blaßgrau, mit brauner Zeichnung. Männchen bis 9 mm, Weibchen kleiner.

Vorkommen: In Feinsand- und Schlickböden. Von der Gezeitenzone an abwärts.

Lebensweise: Schlickkrebse leben in 4–8 cm tiefen U-förmigen und mit Schleim ausgekleideten Röhren. Ihre Nahrung besteht aus organischen Partikeln und Mikroorganismen, die sie mit ihren fein beborsteten Antennen von der Oberfläche des Bodens absammeln. Wenn sie dabei ihre Röhre nicht verlassen, entstehen rund um den Eingang sternförmige Kratzspuren (siehe Foto links). Außerdem können sie in ihrem Gang einen Wasserstrom erzeugen und die hereingedrifteten Partikel herausfiltrieren. Als Nahrungsquelle für Jungfische und Vögel spielen die Schlickkrebse eine bedeutende Rolle, denn bei günstigen Bedingungen können sie in einer Dichte bis zu 40 000 Individuen/m^2 auftreten. Von Mai bis September brüten die Weibchen in ihrem Brutraum am Bauch 3–4 Würfe mit je ca. 10 Tieren aus. Die Jungtiere bleiben zunächst noch in der mütterlichen Röhre und bauen sich erst später eigene Wohngänge.

Nordseegarnele, Granat
Crangon crangon
Krebse (*Crustacea*)

Merkmale: Langgestreckter Körper mit zwei Antennenpaaren, das 2. Paar ist auffällig lang entwickelt. Der Rumpf wird von einem sehr schlanken Scherenpaar und 4 Laufbeinpaaren getragen. Am Hinterende befindet sich ein auffälliger Schwanzfächer. Die Farbe der Tiere ist sehr variabel, da sie diese mit Pigmentzellen der Umgebung anpassen können. Länge der Weibchen („Granat") bis 8 cm, Männchen lediglich 4,5 cm.

Vorkommen: Auf Weichböden im Flachwasser und der Gezeitenzone.

Lebensweise: Nordseegarnelen sind gewandte und schnelle Schwimmer. Nachts werden sie aktiv und fangen kleine Würmer, größere Planktonorganismen und Fischlarven. Tagsüber leben sie eingegraben im Boden. Mit ihren Pigmentzellen passen sie sich vollständig der Umgebung an. Wirtschaftliche Bedeutung hat an der Küste die „Krabben"-Fischerei, die von kleinen Kuttern aus mit leichten Schleppnetzen betrieben wird. An Bord werden die gefangenen Garnelen nach Größe sortiert, gekocht und für die weitere Verarbeitung vorbereitet. Die kleineren Männchen werden in der Regel zu Fischmehl verarbeitet. Die großen Weibchen kommen zum Verzehr in den Handel.

Strandkrabbe, „Dwarslöper"
Carcinus maenas
Krebse (*Crustacea*)

Merkmale: Typische, kompakte Krabbengestalt mit untergeschlagenem Schwanz. Der Rückenpanzer ist etwa 5eckig und vorne am Rand gezähnt. Zwischen den gestielten Augen liegen 2 Paare kurzer Antennen. Das erste von 5 Laufbeinpaaren ist zu einem kräftigen Scherenpaar entwickelt. Breite der Männchen bis 10 cm, die Weibchen bleiben kleiner.
Vorkommen: Auf Sandböden, Muschelbänken und an Buhnen; von der Gezeitenzone an abwärts.
Lebensweise: Diesen Vertreter des Wattenmeeres kennt wohl jeder. Strandkrabben sind hervorragende Studienobjekte. Behäbig wandern sie weite Strecken umher, doch wenn ihnen Gefahr droht, werden sie sehr flink und halten dem Angreifer ihre großen Scheren entgegen. Sie benötigen diese Greifzangen auch zum Beuteerwerb. Mit der schlankeren linken Kneifschere greifen sie blitzschnell zu, während sie mit der kräftigen rechten Knackschere selbst erwachsene Miesmuscheln und Strandschnecken knacken können. Außerdem fressen sie Würmer, Garnelen, Kleinfische und bei fehlendem Angebot auch Algen. Sie selbst werden von Dorschen, Möwen und Austernfischern gejagt.

Gemeine Schwimmkrabbe
Liocarcinus holsatus
Krebse (*Crustacea*)

Merkmale: Ähnlich der Strandkrabbe (S. 66). Die Endglieder des letzten Beinpaares sind blattförmig verbreitert. Breite bis etwa 10 cm
Vorkommen: Überall in der Dauerflutzone und in Prielen.
Lebensweise: Schwimmkrabben ernähren sich von Wirbellosen und kleinen Fischen. Mit dem Ruderbeinpaar können sie aktiv schwimmen. Sie selbst stellen eine wichtige Nahrung für Dorsche dar. Werden sie gestört, reagieren sie ausgesprochen aggressiv. **Vorsicht:** Die Scheren sind spitz gezähnt und rufen Fleischwunden hervor (daher der wissenschaftliche Spitzname *Haluncus rabiatus*).

Gemeiner Einsiedlerkrebs
Pagurus bernhardus
Krebse *(Crustacea)*

Merkmale: Lebt in Schneckengehäusen. 2 Antennenpaare, 1 Paar ungleiche Scherenfüße, 2 Paar Laufbeine. Hinterleib weichhäutig, daher schutzbedürftig. Länge bis 10 cm.
Vorkommen: Auf Weich- und Hartböden der Dauerflutzone, in Prielen.
Lebensweise: Einsiedler ernähren sich sowohl als Beutegreifer als auch als Filtrierer (beachte die feinen Borsten um den Mund). Mit dem Heranwachsen müssen sie auch von Zeit zu Zeit das Gehäuse wechseln. Ohne dieses würden sie mit ihrem weichen, ungeschützten Hinterleib schnell ein leichtes Opfer von Fischen und eigenen Artgenossen.

Gemeiner Seestern
Asterias rubens
Stachelhäuter (*Echinodermata*)

<u>Merkmale:</u> Unverkennbar durch die 5strahlige Körpersymmetrie. Seitlich auf der Zentralscheibe befindet sich eine helle Siebplatte (Foto). Farbe rötlich, braun bis schwarz-violett. Durchmesser bis 30 cm.

<u>Vorkommen:</u> Auf Weich- und Hartböden, Muschelbänken und in Prielen; Gezeitenzone und tiefer.

<u>Lebensweise:</u> Seesterne sind gefräßige Beutegreifer. Besonders Muscheln werden von ihnen angegriffen. Während sie mit einem Arm zunächst die Atemöffnungen abdecken, saugen sie sich mit ihren zahlreichen Saugfüßchen (Foto rechts), die durch ein kompliziertes Röhrensystem miteinander verbunden sind und koordiniert werden, an den Schalenklappen der Beute fest und ziehen diese langsam, oft stundenlang, auseinander. Ist die Muschel erfolgreich geöffnet, stülpt der Seestern seinen Magen ins Innere hinein, um die Weichteile zu verdauen. Durch ihre Freßaktivität können sie Muschelbänke nachhaltig dezimieren. Steht die Nahrung nicht in ausreichender Menge zur Verfügung, ernähren sie sich, indem sie ihren Magen ausstülpen, flach auf der Bodenoberfläche ausbreiten und so organische Partikel und Diatomeen aufnehmen und verdauen.

Flunder	**Kliesche**
Platichthys flesus	*Limanda limanda*
Fische (*Pisces*)	Fische (*Pisces*)

Merkmale: In der Form ähnlich der Scholle (s. S. 70), jedoch mit deutlichen rauhen Hautwarzen entlang der Seitenlinie (Mitte der Augenseite). Mitunter treten blasse rote Flecken auf. Länge bis 50 cm, selten mehr als 30 cm.

Vorkommen: Auf Weichböden im Flachwasser und in den Prielen.

Lebensweise: Auch die Jugendstadien der Flundern suchen mit Vorliebe Flachgewässer auf, um sich dort weiterzuentwickeln. Zwischen Schollen und Flundern gibt es Bastarde („Blendlinge"), die sowohl die rauhe Augenseite als auch die rote Pigmentierung (aber blasser) auf der Augenseite aufweisen.

Merkmale: Von Scholle (s. S. 70) und Flunder an der gebogenen Seitenlinie zu unterscheiden. Die Augenseite ist dunkel gefärbt und rauh, die Unterseite ist weiß. Länge bis 40 cm.

Vorkommen: Auf Weichböden im Flachwasser und in den Prielen.

Lebensweise: Im Beifang der Schleppnetze ist die Kliesche häufig zu finden. Als eine der häufigsten Plattfische der Nordsee wandert sie auch in großer Zahl ins Wattenmeer ein. Da sie ähnliche Nahrungsansprüche hat wie die Scholle, ist sie bei den Fischern wenig beliebt. Eine wohlschmeckende Scholle im Netz wäre ihnen lieber.

Scholle
Pleuronectes platessa
Fische (*Pisces*)

<u>Merkmale:</u> Typische Plattfischform mit einem schräggestellten Maul. Die Augen-("Ober"-)seite ist glatt, graubraun gefärbt und durch weiß gesäumte, rote Flecken unterbrochen. Zwischen den Augen und über den Kopf hinweg verläuft ein kleiner Knochenkamm mit bis zu 7 Höckern. Blind-("Unter"-)seite rein weiß. Länge 25-40 cm, selten 90 cm.
<u>Vorkommen:</u> Auf Weichböden der Flachwasser und in den Prielen.
<u>Lebensweise:</u> Schollen sind Bodenfische, die am Grunde nach Garnelen, Würmern, kleinen Mollusken und Krabben jagen. Wenn sie nicht auf Futtersuche sind, liegen sie flach auf dem Sandboden und sind kaum zu entdecken, denn zur Tarnung graben sie sich einerseits flach in den Untergrund ein, so daß nur noch ihre Augen und das Maul herausschauen, zum anderen können sie sich auch mit Hilfe von variablen Hautpigmentzellen (Chromatophoren) farblich an die Umgebung anpassen. Das Wattenmeer ist für die Schollen als Kinderstube ihres Nachwuchses von großer Bedeutung. Zur Laichzeit im Winter treffen sich die Schollen an ihren angestammten Laichplätzen vor der Ostküste von Großbritannien und im Ärmelkanal. Je nach Größe des Weibchens werden bis zu 600 000 Eier ins freie Wasser abgegeben

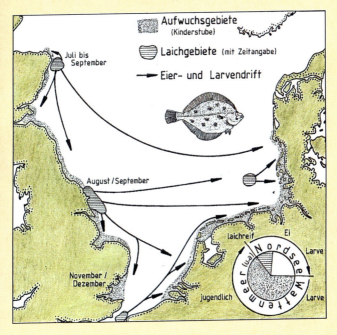

Das Beispiel Scholle: Als Kinderstube für die Jungfische ist das Wattenmeer nicht zu ersetzen.

und anschließend in östliche Richtungen verdriftet. So gelangen sie ins Wattenmeer. Auf dieser Reise sind die Fischlarven bereits geschlüpft und zu einer Größe von etwa 15 mm herangewachsen. Sie sind im Gegensatz zu ihren Eltern noch völlig symmetrisch gestaltet. Erst im Verlauf der weiteren Entwicklung (nach 1-2 Monaten) wandert das linke Auge auf die rechte Körperseite. Für zwei bis drei Jahre verbleiben die Jungfische im geschützten Wattenmeer und entwickeln sich zu dem von uns so begehrten Speisefisch. In den Wintermonaten wandern sie in tiefere Regionen ab, doch zum Sommer bevölkern sie erneut die Priele. Sehr junge Fische kann man mitunter auch in kleinen zurückgebliebenen Pfützen beobachten. Früher gingen die Küstenbewohner auch hinaus ins Watt zum traditionellen „Fische-Treten". Dabei wurden die Schollen in flachen Prielen zunächst mit scharfem Blick ausgemacht und anschließend mit einem gezielten Tritt am Boden festgesetzt. Heute ist der Bestand der Schollen in der Nordsee durch starke Überfischung zurückgegangen. Dem Wattenmeer als Aufzuchtgebiet dieser Fischart kommt deshalb große Bedeutung zu. Leider werden jedoch auch hier bereits die Bestände durch die Krabbenfischerei dezimiert.

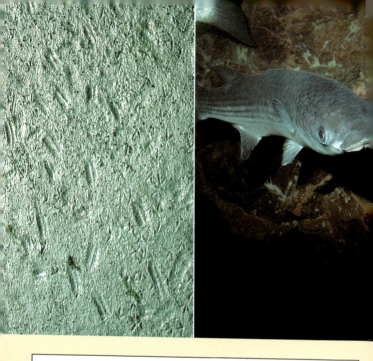

Dicklippige Meeräsche
Apogon imperbis (syn. *Mugil chelo*)
Fische (*Pisces*)

Merkmale: Unverkennbar durch die kräftige Gestalt und die dick aufgeworfenen, von Warzen bedeckte Oberlippe. Der Körper ist mit großen, schillernden Schuppen bedeckt. Länge bis etwa 60 cm.

Vorkommen: In küstennahen Flachgewässern und Prielen.

Lebensweise: Noch vor wenigen Jahren hätte niemand die Meeräsche als eine typische Form des Wattenmeeres erwähnt, denn eigentlich liegt die Hauptverbreitung dieses Schwarmfisches vor der Westküste Afrikas, im Mittelmeer und an der Atlantikküste bis hinauf in den Ärmelkanal. Mittlerweile kann man sie aber auch regelmäßig im Sommer im Wattenmeer antreffen. Im Gegensatz zu den meisten Fischen ernähren sich die Meeräschen überwiegend vegetarisch (daher kann man sie auch nicht mit einem Köder fangen). Mit der Oberlippe tasten sie über den Boden und nehmen Pflanzenreste, Diatomeen und andere Mikroorganismen auf. Dabei hinterlassen sie auf der Oberfläche des Bodens oder auf Tangen charakteristische Weidespuren (Foto links). Die Nahrung wird in ihrem kräftigen Muskelmagen zerkleinert und durchgewalkt, ungenießbare Schalenteile werden wieder ausgespien.

Aalmutter
Zoarces viviparus
Fische (*Pisces*)

Merkmale: In der Form einem Aal ähnlich. Oberfläche stark schleimig. Das Maul ist sehr breit. Der Bauch wirkt etwas aufgedunsen. Färbung recht variabel: Rücken meist gelblichgrün bis braun, mit dunkleren, verwaschenen Flecken und Bändern. Länge bis 40 cm, meist jedoch viel kleiner.

Vorkommen: In Flachgewässern und Prielen. Verstecken sich gerne zwischen größeren Steinen oder Tangbüscheln.

Lebensweise: Die Aalmutter ist ein ausgesprochen standorttreuer Fisch, der keine weiten Streifzüge unternimmt. Von daher erklärt es sich auch, daß es eine große Anzahl lokaler Rassen von dieser Fischart gibt. Aalmuttern ernähren sich von kleinen Wirbellosen, die sie am Meeresboden jagen. Nur während der Sommermonate halten sie sich im Flachwasser auf. Im Winter ziehen sie sich in etwas tiefere Gebiete zurück. Eine Besonderheit stellt die Fortpflanzung dar: Im Gegensatz zu den meisten Fischen geben die Aalmuttern ihre Eier nicht in das freie Wasser ab. Nach der Paarung reifen die befruchteten Eier im Weibchen heran. Nach 4 Monaten Tragzeit gebärt das Weibchen bis zu 400 Junge. Erstaunlich ist, daß Aalmuttern auch noch reduzierten Salzgehalt bis etwa 5$^0/_{00}$ ertragen und daher auch in Flußmündungen leben.

Steinpicker
Agonus cataphractus
Fische (*Pisces*)

Merkmale: Ähnlich dem Seeskorpion, doch insgesamt schlanker und kleiner. Rund um das breite Maul stehen kurze Barteln. Farbe variabel, insgesamt brauntönig. Länge bis 20 cm.
Vorkommen: In Flachgewässern und Prielen, auch an Tangen.
Lebensweise: Steinpicker jagen besonders gerne Garnelen nach, die sie am Boden aufstöbern. Zur Laichzeit wandern sie hinaus aus dem Wattenmeer und legen rund um Helgoland ihre derben gelben Eigelege zwischen die Wurzelkrallen großer Tange. Auch im Angespül kann man sie beobachten. Erst nach 10 Monaten schlüpfen aus ihnen kleine Fischlarven.

Seeskorpion
Myoxocephalus scorpius
Fische (*Pisces*)

Merkmale: Unverwechselbar an dem mächtigen Kopf und den breiten, gestrahlten Flossen. Die Farbe ist variabel, aber immer kontrastreich gefleckt. Die Bauchseite der Männchen leuchtet zur Laichzeit rot mit weißen Punkten. Länge bis 60 cm.
Vorkommen: In Flachgewässern und Prielen, auch zwischen Tangen.
Lebensweise: Bei den Fischern sind die Seeskorpione ausgesprochen unbeliebt, denn als gefräßige Räuber lauern sie der Brut geschätzter Speisefische auf und dezimieren so deren Bestände. Ihre eigenen Gelege bewachen sie streng, bis der Nachwuchs geschlüpft ist.

Kabeljau, Dorsch
Gadus morhua
Fische (*Pisces*)

Merkmale: Langgestreckter Körper mit einem großen Kopf, 3 deutlichen Rückenflossen und großen Augen. Am Kinn hängt ein Kinnfaden. Länge bis zu 2 m (!), in der Nordsee höchstens 80 cm, meist noch kleiner.

Vorkommen: In küstennahen Gewässern, dringt bis ins Wattenmeer vor; heimisch im gesamten Nordatlantik.

Lebensweise: Der Kabeljau (die kleineren Exemplare bezeichnet man als Dorsch) lebt dicht über dem Boden und ernährt sich räuberisch von Würmern, Weichtieren, Stachelhäutern, Krebsen und anderen Fischen. Besonders die Jungfische treten nicht selten in größeren Schwärmen auch im freien Wasser auf.

Der Kabeljau – der wichtigste wirtschaftlich genutzte Fisch unserer Region – wurde in den letzten Jahren so stark befischt, daß die Bestände spürbar zurückgegangen sind. Zur Fortpflanzung versammeln sie sich an ihren angestammten Laichplätzen im tieferen Wasser. Die abgegebenen Eier (bis 5 Mill.) treiben auf und werden weit verdriftet. Neben dem Dorsch findet man im Wattenmeer auch den nahe verwandten Wittling. Die Jungfische dieser Art leben häufig zwischen den Fangtentakeln von Quallen.

Muschelbank und Pfahlbewuchs

Ankerplatz auf festem Grund

Auf den Flächen der Watten und Salzwiesen bietet sich kaum Gelegenheit für Besiedler von Hartböden. Zwei wichtige Ausnahmen aber sind in diesem Zusammenhang zu erwähnen: Die Pfähle der Buhnen und die Muschelbänke der Watten zeichnen in ihrer unmittelbaren Umgebung durch die angesiedelten Tiere und Pflanzen eine Facette, die wir nirgendwo sonst im Wattenmeer finden können, sondern viel eher an fernen Felsküsten oder Molenwänden. Die Konstanz der Unterlage ist z.B. wichtig für die Seepocken (S. 83), die in dichten horizontalen Bändern (S. 77) an den Holzbuhnen anhaften und – einmal verankert – sich nie wieder lösen können.

Scheinbar günstiger treffen es da die Strandschnecken, die im Zweifelsfalle immer dem Wattboden ein Hartbodensubstrat vorziehen. Aber sie können bei Stürmen fortgespült werden. Einen ganz besonderen Untergrund bilden die schmackhaften und weithin bekannten blauen

Miesmuscheln
Mytilus edulis

Sie bilden auf den freien Watten dichte Muschelbänke. Als einzige Muschel im Wattenmeer leben sie nicht im Boden, sondern auf der Oberfläche und verwandeln so einen kleinen Teil des Wattenmeeres in eine zerklüftete „Fels"-Landschaft. Den Anfang einer Muschelbank bildet nur ein winziges Stückchen harten Untergrundes (z.B. eine leere Muschelschale). An diese setzt sich eine erste Miesmuschel fest. Dazu

produziert sie an der Fußwurzel in einer speziellen Drüse (Byssus) feste eiweißreiche Fäden, die sie mit der Fußspitze an der Unterlage festklebt. Mit dieser Ansiedlung ist der Anfang gemacht. Zunächst entstehen lange Muschelketten (Foto S. 79 oben rechts). Diese schließen sich jedoch bald und bilden sukzessive einen Hügel, auf dem in mehreren Etagen die Tiere sitzen. 2000 Muscheln/m^2 sind dann keine Seltenheit. Während die Tiere untergetaucht sind, öffnen sie ihre Schalen einen Spalt und filtrieren Plankton ein, das sie mit ihren Filterkiemen absieben. Manche dieser winzigen Planktonpartikel sind für den Menschen giftig und erzeugen die berüchtigte Muschelvergiftung. **(Regel: Niemals Muscheln in Monaten ohne „r" essen. Dann nämlich treiben die toxischen Übeltäter im Plankton.)** Zwei wichtige Veränderungen ergeben sich in der direkten Umgebung der Muscheln. Erstens sedimentiert in den Zwischenräumen ein feiner Schlick (günstig für Schnurwürmer), und zweitens steht mit den festen Schalen ein Untergrund für Felsbesiedler zur Verfügung. Dies macht sich neben den Seepocken besonders der

Blasentang
(Fucus vesiculosus)

zunutze (S. 79, oben links), der häufig wie ein grüner Teppich die Muschelbänke bedeckt. Eigenartigerweise bildet er an diesem Standort keine oder nur wenige Blasen aus. Er gibt sogar seine Haftscheibe auf.

| **Grüner Schnurwurm** *Lineus viridis* Schnurwürmer (*Nemertini*) | **Flacher Schuppenwurm** *Lepidonotus squamatus* Borstenwürmer *(Polychaeta)* |

Merkmale: Körper sehr schlank und ohne Segmentierung. Oberfläche wirkt samtig matt. Der Kopf ist spatelförmig, etwas abgeflacht und nur leicht abgesetzt vom Rumpf. Farbe olivgrün. Am Kopf auch rötlich. Bis 10 cm.
Vorkommen: In Sandböden und Muschelbänken; von der Gezeitenzone an abwärts.
Lebensweise: Dieser elastische Wurm kann sich gummibandartig strecken und wieder zusammenschnurren. Er ernährt sich räuberisch von anderen Würmern und Kleinkrebsen, die er mit seinem ausstülpbaren Rüssel vollständig verschlingt. Nahe Verwandte können aufregend gefärbt, gestreift und gebändert sein.

Merkmale: Körper flach und gestreckt, auf dem Rücken mit bis zu 12 Paar Rückenschuppen. Der Kopfbereich trägt neben 2 Augenpaaren zahlreiche Fühler, die durch die Schuppen verdeckt werden. Länge bis 2,5 cm.
Vorkommen: Auf Sand- und Hartböden und Muschelbänken; von der Gezeitenzone an abwärts.
Lebensweise: Diese Würmer ernähren sich überwiegend räuberisch von kleinen Wirbellosen. Die Rückenschuppen bilden einen gewissen Tarnschutz. Wenn sich die Tiere bei Gefahr dicht an den Boden drücken, sind sie leicht zu übersehen. Neben dieser gibt es im Wattenmeer noch weitere ähnliche Arten.

| **Rauhe Strandschnecke**
Littorina saxatilis
Weichtiere (*Mollusca*) | **Flache Strandschnecke**
Littorina mariae
Weichtiere (*Mollusca*) |

Merkmale: Spitzes Gehäuse mit deutlich abgesetzten Umgängen. Der äußere Mündungsrand setzt ± rechtwinklig an das Gehäuse an. Farbe variabel brauntönig. Höhe bis 1,6 cm, meist kleiner.
Vorkommen: An Felsen, Molen und Buhnen; in der oberen Gezeiten- und Spritzwasserzone.
Lebensweise: Diese kleinen Schnecken sind an den höher gelegenen Buhnen häufig zusammen mit Seepocken (siehe S. 83) zu finden, in deren leeren Gehäusen sie die Zeit des Trockenfallens überdauern. Obwohl sie aus dem Meer stammen, überleben sie mehrere Tage ohne Überflutung völlig schadlos.

Merkmale: Abgeflachtes Gehäuse. Der letzte Umgang umfaßt alle älteren. Farbe braun, rötlich, oliv, gelb bis orange, auch gebändert oder gemustert. Höhe bis 1,4 cm.
Vorkommen: Im Wattenmeer auf den Tangen der Molen und Muschelbänke; Gezeitenzone.
Lebensweise: Flache Strandschnecken grasen mit ihrer Raspelzunge von der Oberfläche der Tange den Diatomeenrasen ab. Außerdem fressen sie an den jungen Trieben der Großalgen. Zur Fortpflanzung legen die Weibchen ein nierenförmiges Gelege mit kleinen gelben Eiern ab. Aus ihnen schlüpfen vollentwickelte Jungschnecken.

| **Rändel-Käferschnecke**
Lepidochitona cinerea
Weichtiere (*Mollusca*) | **Körnige Meerassel**
Idotea granulosa
Krebse (*Crustacea*) |

Merkmale: Körper flach, durch 8 feingeschuppte Rückenschilder unverwechselbar. Rundum verläuft ein fleischiger, am Rand geklappter Mantelrand. Farbe sehr variabel, häufig mit Mustern oder Streifen. Bis 2 cm.

Vorkommen: Auf Hartböden, Buhnen und Muschelbänken; von der Gezeitenzone an abwärts.

Lebensweise: Käferschnecken ernähren sich von Algen, die sie vom Untergrund abraspeln. Sobald sie trockenfallen, suchen sie geschützte Standorte auf und heften sich fest an den Untergrund, um möglichst wenig Wasser zu verlieren. Vom Boden sind sie nur mit Gewalt zu lösen. Deshalb: Bitte sitzen lassen.

Merkmale: Körper flach und nach hinten verjüngt. Der Kopf trägt 2 Antennenpaare (erstes sehr klein) und 2 Augen. Das Hinterende läuft in einer Spitze aus. Farbe braun bis grün, häufig kräftig gemustert. Länge 2 cm.

Vorkommen: Auf Algen; Gezeitenzone und tiefer. Im Wattenmeer auf den Tangen der Molen und Muschelbänke.

Lebensweise: Meerasseln ernähren sich von den Algen, auf denen sie leben. Daneben werden auch Kleintiere gefressen. Mit ihren kräftigen Klauen finden sie auch bei starker Strömung an den Tangen Halt und werden deshalb nicht verdriftet. Ähnlich ist die am Ende dreispitzige *I. baltica*.

Gemeine Seepocke
Semibalanus balanoides
Krebse (*Crustacea*)

Merkmale: Flach bis steil aufragende, konische Krone aus 6 unregelmäßig gekerbten Platten zusammengesetzt. 2 miteinander verzahnte Kalkplattenpaare verschließen die rhombische Öffnung während der Zeit des Trockenfallens. Die Wuchsform ist insgesamt sehr variabel. Durchmesser bis 1,5 cm.

Vorkommen: Auf Felsen und Molen, Schiffsrümpfen, Krebspanzern, Buhnen und Muschelbänken; in der Gezeitenzone.

Lebensweise: Niemand würde bei einem flüchtigen Blick glauben, daß es sich bei diesen Tieren um Krebse handelt, doch ihre Jugendentwicklung mit typischen freischwimmenden Larven verrät uns ihre direkte Verwandtschaft. Das letzte Larvenstadium ist mit einer Zementdrüse ausgestattet und geht zum festsitzenden Bodenleben über. Sobald die Seepocken vom Wasser überspült werden, strecken sie ihre gefiederten Arme heraus und filtrieren mit rhythmischen Bewegungen kleine Partikel aus dem Wasser. Besonders schön kann man ihre Filtrieraktivität beobachten, wenn das auflaufende Wasser sie gerade frisch benetzt hat. Sobald sie trockenfallen, schließen sie ihr Gehäuse wieder und überdauern so tagelang ohne Wasser. Extreme Temperatur- und Salzgehaltsschwankungen überleben sie schadlos.

Vögel im Wattenmeer

Futterplätze für Millionen

Selbst wenn man im Watt zunächst nichts sieht, Vögel fallen dort immer auf. Für zahlreiche Wat- und Wasservögel sind die Wattengebiete ein wichtiger Bestandteil ihres Lebensraums. Arten- und individuenreich sind vor allem die Gänse und Enten, die eigentlichen Limikolen (Pfuhlschnepfe, Austernfischer, Regenpfeifer, Strandläufer, Stelzenläufer) sowie die Seeschwalben und Möwen vertreten. Rund 100 verschiedene Vogelarten kann man in den Wattgebieten antreffen.

Brüten in Randgruppen

Etwa zwei Dutzend Arten sind Brutvögel. Die regelmäßig überfluteten Wattflächen selbst sind als Brutgebiet natürlich ungeeignet. Die Nistplätze befinden sich daher in den sicheren Wattrandbereichen oberhalb der mittleren Hochwasserlinie. Rotschenkel und Säbelschnäbler, Silber- und Lachmöwe, Fluß- oder Küstenseeschwalbe und die meisten anderen Brutvögel legen ihre Nester in der oberen Salzwiese an – ein Grund mehr, gerade diese Bereiche besonders zu schützen. An den höhergelegenen Sandstränden, auf den Sandinseln oder in den Dünen befinden sich dagegen die Brutplätze von Sand- und Seeregenpfeifer oder Zwerg- und Brandseeschwalbe. Sie benötigen fatalerweise die gleichen Teilräume, die der Mensch für seine Ferienaktivitäten an der Küste beansprucht. Etwas flexibler reagiert der Austernfischer. Er wählt sehr unterschiedliche Brutbiotope und richtet sich zum Nisten mitunter sogar im binnendeichs gelegenen Kulturland ein. Einige Vogelarten wie die Seeschwalben

oder Lachmöwen brüten in größeren Kolonien und genießen somit einen gewissen Schutz vor Nesträubern oder Angreifern. Arten wie Alpenstrandläufer, Kampfläufer oder Sandregenpfeifer sind dagegen Einzelbrüter mit größerem Flächenbedarf. Entsprechend zeigen sie auch eine erheblich größere Stör- und Fluchtdistanz auf.

Wechsel im Watt

Bei der Mauser erneuern die Vögel ihr Federkleid und ersetzen dabei auch stark abgenutzte Kontur- oder Schwungfedern vollwertig durch eine frische Befiederung. Viele Wat- und Wasservögel verlegen diesen Vorgang ins Wattenmeer. Da ihr Flugvermögen während des Federwechsels eventuell stark eingeschränkt ist, benötigen sie verständlicherweise relativ ruhige Mauserplätze, wo sie vor Störungen und Feinden sicher sind. Nahezu alle Brandgänse Westeuropas suchen dazu feste Mauserplätze im Gebiet des Großen Knechtsandes oder der Sandinsel Trischen auf. Eiderenten sammeln sich zum Gefiederwechsel ebenfalls in den Wattengebieten: Im Juli erneuern sie zunächst alle Körperfedern zum Schlichtkleid. Anschließend werden die Schwungfedern ausgetauscht. Schwimmend verbringen die Enten diese Zeit auf dem Wasser. Im Oktober folgt dann ein nochmaliger Wechsel der Körperfedern zum neuen Prachtkleid. Die im hohen Norden brütenden Gänse erledigen ihre Mauser bereits, während sie noch Junge führen. Sie treffen mit erneuertem Gefieder zum Über-

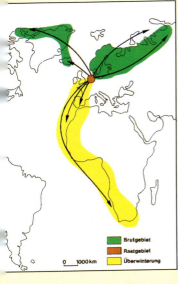

Das Wattenmeer ist eine einzigartige Drehscheibe des Vogelzuges und in dieser Funktion völlig unentbehrlich.

wintern am und im Watt ein. Knutts beginnen mit der Kleingefiedermauser noch im nordischen Brutgebiet und führen den Rest während einer längeren Rast in den Wattgebieten zu Ende. Kiebitzregenpfeifer und Alpenstrandläufer beginnen dagegen mit ihrer Mauser während der Rast im Watt und schließen sie erst im südlichen Winterquartier ab. Es ist übrigens nicht zu übersehen, wenn im Watt die Mauserzeit angebrochen ist: Vermehrt finden sich dann die abgestoßenen Federn im Angespül.

Wat- und andere Wattvögel

Während der Brutzeit halten sich in den Wattengebieten der Nordsee etwa 500 000 Vögel auf. Gewaltige Verstärkung erhalten sie durch Zuzug aus dem hohen Norden, der bereits im Sommer einsetzt, und erst recht während der Hauptzugzeit in den Monaten September/Oktober. Bis zu 3,5 Millionen Vögel halten sich dann gleichzeitig in den Wattlandschaften auf – rund 0,8 bis 1 Million in den Niederlanden, 0,3 bis 0,5 Millionen im Niedersächsischen Wattenmeer, 1,1 bis 1,3 in Schleswig-Holsteinischen Watten und etwa 0,3 bis 0,6 Millionen in Dänemark. Insgesamt suchen während eines Jahres zwischen 6 und 9 Millionen Vögel das Watt zum Brüten, Mausern, Rasten und vor allem zur Nahrungssuche auf. Das Wattenmeer ernährt sie alle, weil es ein Lebensraum von enormer Produktionskraft ist. Für viele Arten, die in der arktischen Tundra brüten und im Winter wärmere Quartiere benötigen, ist das Watt ein unersetzlicher Trittstein.

Wie der Schnabel gewachsen ist

Nur wenige Vogelarten sind reine Vegetarier. Die Ringelgänse, die bei uns überwintern, weiden beispielsweise die Zwergseegraswiesen ab. Nonnengänse, ebenfalls Wintergäste aus dem Norden, weiden im Bereich der oberen Salzwiesen und gegebenenfalls auch im Binnenland.

Die meisten Arten – Durchzügler, Rastvögel und Überwinterer – verzehren tierische Nahrung und teilen dabei die Ressourcen untereinander auf, weil nicht jeder Schnabel jede Nahrungsquelle erreicht. Alpenstrandläufer suchen sich Wattschnecken, Schlickkrebse und Seeringelwürmer von der Oberfläche. Pfuhlschnepfen bohren nach Pierwürmern im tieferen Wattboden. Austernfischer knacken Herzmuscheln durch Schnabelhiebe. Seeschwalben stoßen aus der Luft nach Sandaalen, Grundeln und Garnelen.

Alpenstrandläufer
Calidris alpina

Merkmale: Leicht untersetzte Gestalt mit wenig abwärts gebogenem Schnabel. Im Sommer leicht an dem schwarzen Bauchfleck zu erkennen. Im Winter fehlt dieser. 17-19 cm.

Vorkommen: Brütet an den Küsten Skandinaviens, Großbritanniens und an Nord- und Ostsee.

Lebensweise: Häufigster Watvogel unserer Breiten. Jeden Herbst ziehen durch das Wattenmeer etwa 400 000 Vögel gen Süden und rasten auf den freigefallenen Wattflächen. Im Watt stochern sie nach Würmern, Krebsen und Schnecken. Die Schnabelspitze ist mit feinen Sinneszellen ausgestattet, mit denen sie ihre Nahrung ertasten können.

Knutt
Calidris canutus

Merkmale: Gedrungene Gestalt, mit kurzem schlanken Schnabel. Winterkleid oberseits hellgrau, unten fast weiß. Im Sommer unterseits rostrot, oberseits kontrastreich gemustert. Beine grünlich. 25,5 cm.

Vorkommen: Brutvogel im hohen Norden Skandinaviens und Rußlands.

Lebensweise: Im Frühjahr und Herbst kann man im Wattenmeer riesige Schwärme durchziehender Knutts beobachten, die in der Höhe meist ein großes Oval bilden. In Bodennähe streckt sich die Wolke. Meist wechseln alle Vögel zugleich ihre Flugrichtung. Dann schlägt die Farbe des Schwarmes schlagartig zwischen Rücken- und Brustfarbe um.

Sandregenpfeifer
Charadrius hiaticula

<u>Merkmale:</u> Oberseits und am Kopf braun. Gesicht und Brust kontrastreich schwarz und weiß befiedert. Beine und Schnabel orange, Schnabelspitze schwarz. 19 cm.

<u>Vorkommen:</u> Brutvogel an den Küsten von West- bis Nordeuropa; überwintert am Atlantik von Frankreich und weiter südlich.

<u>Lebensweise:</u> Sandregenpfeifer gehören zu den Brutvögeln im Wattenmeer. Überall an ruhigeren Stränden und Dünen wird man sie am Strand umhertippeln sehen. Ein Pärchen hält fest zusammen und brütet zwischen April und Juni gemeinsam 2 Gelege mit jeweils bis zu 5 Eiern aus. Die Eier werden in eine kleine Sandkuhle hineingelegt und heben sich durch ihre Färbung überhaupt nicht vom Untergrund ab (Foto rechts oben). Die langbeinigen Küken flüchten nach dem Schlüpfen sofort aus dem Nest (Foto rechts unten) und werden nach etwa 25 Tagen flügge. Bei Gefahr drücken sie sich eng an den Boden und vertrauen auf die Tarnfarbe ihres Gefieders. Die Altvögel „verleiten" die Feinde, auch den Menschen, indem sie sich ganz nahe heranwagen, die Aufmerksamkeit auf sich richten und flügellahm stellen. Erst im letzten Augenblick fliegen sie davon. Die Nahrung der Sandregenpfeifer besteht aus kleinen Weichtieren, Krebsen und Insekten. Ähnlich ist der Seeregenpfeifer (*Charadrius alexandrinus*).

| **Rotschenkel** | **Säbelschnäbler** |
| *Tringa totanus* | *Recurvirostra avosetta* |

Merkmale: Hochbeinige, schlanke Gestalt mit langem geraden Schnabel. Unverwechselbar durch die roten Beine und die rote Schnabelwurzel. 28 cm.

Vorkommen: Küstennaher Brutvogel überall in Europa; im Wattenmeer in den Salzwiesen und auf den Marschfeldern.

Lebensweise: Rotschenkel jagen nach Wirbellosen, kleinen Fischen und Jungfröschen, die sie in den Wiesen und am Watt aufspüren. Als Brutplatz dient ihnen eine geschützte Bodenmulde in den Salzwiesen. Die Jungvögel flüchten nach dem Schlüpfen sofort aus dem Nest. Rotschenkel sitzen mit Vorliebe auf erhöhten Standorten. Dort kann man sie leicht beobachten.

Merkmale: Unverkennbar an dem kontrastreichen schwarzweißen Gefieder, dem schlanken aufwärts gebogenen Schnabel und den bläulichen Beinen. 43 cm.

Vorkommen: An Seen, Salzwiesen, Strand- und Wattenflächen. Brutvogel am Wattenmeer.

Lebensweise: Hinter der Form eines so auffälligen Schnabels verbirgt sich natürlich auch eine sehr spezialisierte Ernährungsweise. Bei der Nahrungssuche streichen die Vögel mit ihrem Schnabel an der Wasser- und Bodenoberfläche weite Bögen und seihen so kleine Wirbellose ein. Ihre Gelege in den Salzwiesen verteidigen sie sogar hartnäckig gegen die großen Silbermöwen.

Austernfischer, Halligstorch
Haematopus ostralegus

Merkmale: Kräftiger, gedrungener Körper. Oberseits schwarz, unterseits weiß. Die schwarzen Flügeldecken zeigen im Flug eine weiße Flügelbinde. Schnabel, Augen und Beine kräftig rot, Jungvögel blasser. 43 cm.

Vorkommen: Küstenbewohner überall in Europa. Brutvogel am Wattenmeer.

Lebensweise: Dieser auffällige Vogel mit seinem lauten, eindringlichen Warnruf und Balzverhalten ist bestimmt schon jedem Wattenmeer- und Strandbesucher aufgefallen. Im Frühling kann man die Männchen beobachten, wie sie nahe der Wasserkante um die Weibchen balzen und ritualisierte Schau- und Luftkämpfe austragen. Ihre Nahrung besteht überwiegend aus Krebsen, Mies- und Herzmuscheln, Schnecken und Würmern. Unter den Austernfischern gibt es zwei Schnabelvarianten. Die Vögel mit dem verdickten „Hammer"-Schnabel stochern die Muscheln auf, während solche mit dem schlanken „Stich"-Schnabel durch einen gezielten Hieb zwischen die geöffneten Schalenklappen die Schließmuskeln abtrennen und so an die Weichteile gelangen. Die Gelege (meist 3 Eier) werden in einer Bodenmulde von beiden Altvögeln ausgebrütet und hartnäckig verteidigt. Die Küken sind Nestflüchter.

Kiebitz
Vanellus vanellus

Merkmale: Kräftige, gedrungene Gestalt mit einem kurzen, spitzen Schnabel. Der Hinterkopf trägt einen auffälligen Schopf. Oberseite und Flügeldecken dunkel und grün glänzend; äußere Flügeldecken und Brust schwarz; Unterseite und erweiterte Flügelachseln weiß. 30 cm.

Vorkommen: An Feuchtwiesen, Rieselfeldern und Marschlandschaften, überall in Europa. Brutvogel am Wattenmeer.

Lebensweise: Wer hat ihn noch nicht gesehen, den akrobatischen, gaukelnden Taumelflug der Kiebitze über den Salzwiesen, Deichen und Marschwiesen an unseren Küsten? Besonders gut sind dann auch die typischen breiten und abgerundeten Flügel zu erkennen. Begleitet wird das Schauspiel durch ein charakteristisches wuchtelndes Geräusch. Ihre Gelege setzen die Kiebitze in eine flache Grasmulde. Beide Partner bebrüten und bewachen das Nest. Wenn die Küken schlüpfen, verlassen sie nach dem Abtrocknen sofort das Nest. Danach werden sie von ihren Eltern noch so lange betreut, bis sie flügge geworden sind. Die Nahrung der Kiebitze besteht aus Würmern, Insekten und deren Larven. Ihren Namen haben sie in Anlehnung an ihren typischen Ruf „kie-wit" bekommen.

Eiderente
Somateria mollissima

Merkmale: Große, kräftige Ente mit sehr flacher Stirn und einem fast dreieckigen Kopf. Männchen (hell) und Weibchen im Brutkleid deutlich verschieden gefärbt (siehe Foto). 58 cm.

Vorkommen: An Felsküsten, Stränden und Wattengebieten, besonders auf einsamen Inseln, auch in unmittelbarer Nähe von Möwenkolonien. Brutvogel rund um Nord- und Ostsee, Großbritannien, Bretagne und Island. Gelegentlich auch im Wattenmeer Brutvogel.

Lebensweise: Eiderenten zeichnen sich durch außergewöhnliche Fähigkeiten als Taucher und Schwimmer aus. Ihre Hauptnahrung besteht aus Miesmuscheln, für die sie nachweislich mehr als 50 m tief hinabtauchen, um sie zu erreichen. Für eine solche Leistung benötigen sie viel Energie. So verwundert es nicht, daß die Eiderenten täglich etwa ein Drittel ihres eigenen Körpergewichtes fressen. Für das Wattenmeer sind die Vögel von großer ökologischer Bedeutung. Wenn sie auf dem Zug in großen Trupps einfallen, fressen sie ganze Muschelbänke kahl. Kein Vogel entnimmt dem Wattenmeer so viel Nahrung wie die Eiderenten. Das Brutgeschäft verrichten nur die Weibchen, die Männchen streifen derweil in kleinen Trupps umher.

Brandente, Brand-„Gans"
Tadorna tadorna

Merkmale: Gänseartige Gestalt mit einem kontrastreich gefärbten Gefieder. Kopf schwarzgrün; Hals, Flanken und Unterseite weiß; kennzeichnend auch das braune Brustband. Männchen und Weibchen tragen rote Schnäbel und Beine, bei den deutlich größeren Erpeln zusätzlich ein Schnabelhöcker. Bis 61 cm.

Vorkommen: An felsigen und sandigen Küsten des Atlantiks von Norwegen bis zur Bretagne. Brutvogel am Wattenmeer.

Lebensweise: Brandgänse kann man schon von weitem an ihrem farbenprächtigen Aussehen ausmachen. Als kurios kann man wohl ihr Brutverhalten bezeichnen. Sie brüten nämlich nicht nur in Gebüschen und ausgespülten Höhlungen nahe am Wasser, sondern auch in Kaninchenbauten und sogar mit den Kaninchen zusammen. In das sorgfältig ausgepolsterte Nest werden 7-12 Eier gelegt und vom Weibchen 1 Monat lang bebrütet. An der Aufzucht der Küken beteiligt sich auch der Erpel. Nach 2 Monaten werden die Jungvögel flügge.

Zur Zugzeit versammeln sich am Großen Knechtsand zwischen Elbe und Weser rund 100 000 Brandgänse zur Mauser. Während dieser Zeit können sie kaum fliegen und ernähren sich ausschließlich von den Tieren des Wattbodens. Dazu trampeln sie Kuhlen in den Boden (Foto links) und fressen anschließend die freigeschwemmten Organismen.

Ringelgans
Branta leucopsis

<u>Merkmale:</u> Kurzschnäblige, kleine Gans mit dunklem Gefieder, weißem Halsring (Name!) und weißen Unterschwanzdecken. Schnabel und Beine schwarz gefärbt. 55-60 cm.

<u>Vorkommen:</u> An arktischen Gewässern und Tundren; Brutvogel auf Grönland, Spitzbergen (Bauch hell) und im nördlichen Rußland (Bauch dunkel); Durchzügler und Wintergast von Dänemark bis an den Ärmelkanal; im Wattenmeer und auf den Salz- und Seegraswiesen.

<u>Lebensweise:</u> „Wehe, wenn die Ringelgänse kommen". Für die Landwirte auf den Halligen und im Vorland der Wattenmeerküste verheißt die Ankunft der durchziehenden Gänse nichts Gutes, auch wenn sie heutzutage für die angerichteten Schäden entschädigt werden. In großen Trupps fallen die Gänse in eng begrenzte Landstriche ein (z.B. an der Hamburger Hallig) und fressen die Vegetation binnen kürzester Zeit so kurz wie einen englischen Rasen. Ihre Lieblingsspeise ist das Andelgras der Salzwiesen. Außerdem gründeln sie auch in den Seegraswiesen vor der Küste. In der Luft fliegen sie sehr schnell, aber ohne Formation. Einzelne Vögel sind mit großer Wahrscheinlichkeit krank, denn diese kleinen Gänse leben in der Regel sehr gesellig.

Silbermöwe
Larus argentatus

Merkmale: Unter allen Möwen der heimischen Küsten erkennbar an dem roten Schnabelfleck, den grauen Flügeldecken und den fleichfarbenen Beinen. Die Jungvögel (bis zum 3. Jahr) sind schmutzigbraun gefärbt. 66 cm.

Vorkommen: Überall an Europas Küsten, Brutvogel am Wattenmeer.

Lebensweise: "Ratten der Lüfte" werden sie oft genannt, und daran ist sogar etwas Wahres. Silbermöwen sind zu Kulturfolgern der Menschen geworden. Ernährten sie sich früher überwiegend von Fischen, die sie von der Wasseroberfläche wegfingen, so erleben wir sie heute auch auf Mülldeponien, im Gefolge der Fischkutter oder am Fähranleger, wo sie auf die Brotkrumen der Touristen spekulieren. Außerdem räubern sie in den Nestern anderer Möwen, Seeschwalben und Watvögel. Ihre eigenen Gelege verteidigen sie furchtlos und hartnäckig durch Sturzflugangriffe. Zur Bestandsregulierung werden häufig die Eier abgesammelt und durch solche aus Gips ersetzt. Früher wurden die Eier auch verzehrt, aber heutzutage ist das nicht mehr zu empfehlen. Da die Möwen in hohen Konzentrationen Schadstoffe in ihrem Körper ansammeln, sind auch ihre Eier stark belastet.

| **Lachmöwe** | **Sturmmöwe** |
| *Larus ridibundus* | *Larus canus* |

Merkmale: Schlanke Gestalt mit rotem Schnabel, roten Beinen und spitz zulaufenden Flügeln. Zur Brutzeit mit schokoladenbrauner Kopffärbung, im Ruhekleid nur mit einem dunklen Fleck hinter dem Auge. 38 cm.
Vorkommen: An Binnenseen und Küsten, von Großbritannien bis an den Ural. Im Wattenmeer häufig in der Nähe von Häfen.
Lebensweise: Wie die Silbermöwe ist auch die Lachmöwe zu einem Kulturfolger geworden. Nach einer Wanderungstendenz ins Binnenland während der letzten 100 Jahre findet man sie heute am ehesten an Binnenseen und Müllhalden. Zur Brutzeit versammeln sie sich zu großen, dichtgedrängten Kolonien.

Merkmale: In der Färbung ähnlich einer kleinen Silbermöwe, doch ohne roten Schnabelfleck. Beine gelbgrün. 40 cm.
Vorkommen: An den Küsten von West- bis Osteuropa. Brutvogel in Skandinavien und Nordrußland.
Lebensweise: Noch ein Kulturfolger des Menschen. Neben der Futtersuche am Müllplatz kann man Sturmmöwen auch häufig beobachten, wie sie auf den Marschenäckern den Traktoren beim Umpflügen oder den kleineren Seeschwalben im Fluge folgen. Auch als Nesträuber sind sie bekannt. Aber auch ihre eigenen Gelege, besonders im Binnenland, sind gefährdet. Sie werden häufig ein Opfer von Mardern.

Küstenseeschwalbe
Sterna paradisaea

Merkmale: Körper sehr schlank, Flügel lang und spitz ausgezogen. Gefieder weiß, Flügeldecken grau. Kopfhaube schwarz. Beine und Schnabel rot. 36 cm.

Vorkommen: Brutvogel in Küstenbereichen mit flacher Vegetation. Brutvogel von Skandinavien bis nach Großbritannien, auch am Wattenmeer. Überwintert 12 000 km entfernt im südlichen Afrika!

Lebensweise: Die Küstenseeschwalbe ist ein koloniebildender Bodenbrüter. Häufig brütet sie gemeinsam mit der sehr ähnlichen Flußseeschwalbe (*Sterna hirundo*). Diese unterscheidet sich durch eine schwarze Schnabelspitze. Sonst sehen sich die beiden Arten zum Verwechseln ähnlich. Ihre Brutmulden verteidigen die Küstenseeschwalben aggressiv gegenüber jedem Eindringling, ob Mensch, ob Schaf oder Kuh. Aus dem Rüttelflug stürzen sie sich auf den Störenfried und picken ihn auf den Kopf. In einer solchen Situation empfiehlt es sich, das Gelände zu verlassen und einen Stock hochzuhalten, weil die Vögel im Sturzflug immer den höchsten Punkt ansteuern. Ihr Nest legen die Seeschwalben als kleine gepolsterte Mulden an. Die Küken (3 pro Gelege) verlassen nach dem Abtrocknen sofort das Nest. Von den Eltern werden sie noch so lange gefüttert, verteidigt und geleitet, bis sie flügge werden.

| **Brandseeschwalbe** *Sterna sandviciensis* | **Zwergseeschwalbe** *Sterna albifrons* |

Merkmale: Schlank und kräftig, mit weißem Gefieder und schwarzer, struppiger Kopfhaube. Flügeldecken hellgrau. Schnabel und Beine schwarz, Schnabelspitze gelb. 38 cm.
Vorkommen: Brütet an flachen Sandküsten, z.B. auf Norderoog, Trischen, Oldeoog, Scharhörn.
Lebensweise: Die größte Seeschwalbe im Wattenmeer sammelt sich zur Brutzeit in dichten Kolonien (mehrere 1000) an flachen Sandstränden. Nach einer ausgedehnten Balzzeremonie und der Überreichung eines Brutgeschenkes (ein Fisch) beginnen die Vögel das Brutgeschäft. Sie ernähren sich als Stoßtaucher von Fischen. Ohne Schutzmaßnahmen wäre ihr Bestand gefährdet.

Merkmale: Kleine, zarte Gestalt. Gefieder ähnlich der Brandseeschwalbe, jedoch deutlich kleiner. Schnabel gelb (Spitze schwarz), Füße rötlich. 24 cm.
Vorkommen: Brütet an wenig betretenen Sandstränden vom Baltikum bis nach Gibraltar, auch am Wattenmeer.
Lebensweise: Die kleinste Seeschwalbe an unseren Küsten ist in ihrem Bestand akut bedroht. Der Freizeittourismus, der jeden Strand zum Erholungsgebiet macht, raubt ihr die notwendige Ruhe am Nistplatz. Sie brütet nicht in dichten Kolonien, sondern nur in lockeren Verbänden und benötigt deshalb große Schutzräume. Auch diese Art erbeutet als Stoßtaucher Fische.

Wattentier mit treuem Blick

Sie sind die mit Abstand größten Tiere im Watt – unsere Seehunde, die einzigen regelmäßig in der Nordsee vorkommenden Robben. Ihr Verbreitungsgebiet umfaßt die Küstengewässer des nördlichen Atlantiks und Pazifiks auf beiden Seiten der Kontinente. An den europäischen Küsten kommen sie von Portugal bis zum Nordkap sowie rund um Island vor, allesamt Vertreter der gleichen von insgesamt fünf verschiedenen geographischen Rassen. Seehunde lieben das Flachmeer mit Seichtwasserarealen und sandigen Küsten. Der größte Teil der europäischen Population lebt daher in den Wattgebieten der Nordsee mit deutlichem Schwerpunkt in Schleswig-Holstein. Männliche Seehunde werden bis 2 Meter lang und rund 100 Kilogramm schwer. Die Weibchen bleiben etwas kleiner.

Im Wasser geradezu artistisch...
Seehunde bewegen sich im Wasser beneidenswert geschickt: Bei der Jagd auf Fische entwickeln sie Schwimmgeschwindigkeiten bis 35 km/h, und selbst ihr normales Tempo liegt immer noch bei 10 km/h oder fast drei Metern in der Sekunde. Gegen die gefährlichen Strömungen in den tieferen Prielen, Seegats oder Tiefs (bis etwa 7 km/h) zwischen den Inseln können sie ohne weiteres anschwimmen. Enorme Wendigkeit und Reaktionsschnelligkeit gehören ebenso zu ihren bewundernswerten Leistungen wie das hervorragende Tauchvermögen. Ihre durchschnittliche Tauchzeit beträgt etwa 5 bis 10 Minuten und kann sogar über 20 Minuten ausgedehnt werden. In der flachen Nordsee sind natürlich keine Tieftauchrekorde möglich, aber aus anderen Regionen des Verbreitungsgebietes ist bekannt, daß etwa 150 Meter Tauchtiefe durchaus erreicht werden.

...behindert allerdings an Land
Der Fortbewegung im Wasser kommt die stromlinienförmige Fischgestalt der Seehunde verständlicherweise sehr entgegen. Ihre gesamte äußere Formgebung entspricht der eines Tieres, das sich an das Leben im Wasser hervorragend angepaßt hat. Am stärksten sind dabei die hinteren Extremitäten umgebildet worden – sie wirken jetzt wie Schwanzflossen, die für den Schub und die Ruderbewegungen im Wasser optimal ausgeformt sind. Seehunde haben sich wie alle Robben aus landlebenden Vorfahren entwickelt. Nach der Anpassung an das wäßrige Milieu ist ihr Körper für die Fortbewegung an Land nur noch recht unvollkommen ausgerüstet. Die umgestalteten Hinterbeine können nicht mehr unter den Körper gebracht werden. Daher müssen sich Seehunde – gestützt auf die Vorderextremitäten – spannerraupenartig fortbewegen und geradezu ins Wasser schleifen. Verständlicherweise meiden sie längere Wegstrecken über Land und halten sich auch auf den trockenliegenden Sandbänken, ihren Lieblingsplätzen, immer nahe der Wasserlinie auf. Bemerkenswert sind die großen Fluchtdistanzen. Mit der angeblichen Kurzsichtigkeit der Tiere an Land hängt dies sicher nicht zusammen, denn Seehundaugen sind für das Sehen unter Wasser und an Land gleich gut ausgestattet.

Ruhende Seehunde halten sich gerne nahe der Flutmarke auf.

Das Jahr der Seehunde

Bei Flut gehen die Seehunde auf Beutefang – täglich benötigt ein erwachsenes Tier etwa fünf Kilogramm Fische oder Krebse. Vor allem während des Sommerhalbjahrs suchen sie während der Ebbezeiten die freifallenden Sandbänke der Wattengebiete zum Ruhen und Sonnen auf. Während dieser Wochen wird auch der so wichtige Haarwechsel vollzogen. In den späteren Sommer – etwa von der letzten Juli- bis in die erste Septemberwoche – fällt auch die Paarung, die stets im Wasser stattfindet. Ab Mitte September sind die fortpflanzungsfähigen Weibchen trächtig. Die Entwicklung der Embryonen wird aber schon nach wenigen Tagen eingestellt und für rund zweieinhalb Monate bis Dezember unterbrochen. Erst dann läuft die Entwicklung ohne weitere Verzögerungen ab.

Ende Juni bis Anfang Juli ziehen sich die trächtigen Weibchen auf eine trockenfallende Sandbank zurück und bringen ihr Junges zur Welt (Zwillingsgeburten sind recht selten). Bis zum Ende der Ebbezeit muß der Geburtsvorgang abgeschlossen sein – offenbar können die Seehundweibchen den genauen Geburtsbeginn ziemlich exakt steuern. Beim Auflaufen der nächsten Flut folgen die Kleinen ihrer Mutter bereits ins Wasser. Im Unterschied zu den Robben arktischer Gebiete tragen die neugeborenen Seehunde kein langhaariges Flauschfell, sondern sind ziemlich kurzhaarig. Die Wärmeisolation übernimmt eine relativ dicke Speckschicht. Nur während der Niedrigwasser werden die Jungtiere an Land gesäugt – vier bis fünf Wochen lang mit einer Milch, deren Fettgehalt bei 45 Prozent liegt. Anschließend werden sie in die Selbständigkeit entlassen.

Natürlich dürfen die Tiere gerade während der Säugezeiten unter keinen Umständen gestört wer-

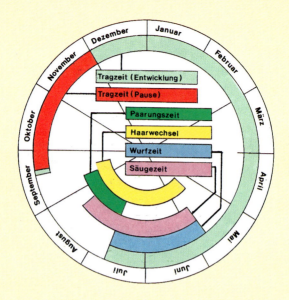

Das Jahr der Seehunde: Alle Monate eines Jahres stehen auf irgendeine Weise im Dienst der Fortpflanzung. Nur während der Sommermonate sammeln sich die Seehunde in Scharen auf den Sandbänken. Jetzt benötigen besonders die fortpflanzungsfähigen Weibchen sehr viel Ruhe. Gleichzeitig ist jetzt der touristische Druck auf das Watt am größten.

den. Während der Flucht ins Wasser kann der Kontakt zwischen Mutter und Nachwuchs verlorengehen. Mit vernehmlichem Heulen machen die Welpen dann auf sich aufmerksam (Heuler). Andererseits führen panikartige Fluchten mit Rutschen über den rauhen Sand gerade bei den Neugeborenen zu Verletzungen der Bauchseite und eventuell zu tödlichen Infektionen. Die Sterblichkeitsrate unter den Jungtieren ist beachtlich: Sie liegt bei etwa 65 Prozent.

Gestört, verfolgt, vergiftet
Bis 1973 durften die Seehunde in der Bundesrepublik Deutschland bejagt werden, in Dänemark sogar noch bis 1977. Das ganzjährige Jagdverbot zeigte Wirkung: Bis 1988 hatte sich die Zahl der Seehunde nahezu verdoppelt – auf mehr als 8000 Tiere. Angesichts dieser günstigen Bestandsentwicklung versuchten Teile der Jägerschaft, unter dem Vorwand der Bestandsregulierung den Seehund wieder auf die Liste der jagdbaren Tiere zu bekommen. Die relativ größten Zuwachsraten seit Bestehen des allgemeinen Jagdverbotes zeigten die Bestände in Schleswig-Holstein. Da die gesamte Seehundpopulation der Nordsee eine Einheit bildet, werden von hier aus auch immer wieder die Seehundvorkommen in anderen Teilbereichen des Wattenmeeres verstärkt – beispielsweise in den Niederlanden, wo die Geburtenrate seit Jahren

stagniert. Untersuchungen haben gezeigt, daß die Seehunde (nicht nur) in den niederländischen Wattgebieten durch Anreicherung über die Nahrungskette hohen Schadstoffkonzentrationen ausgesetzt sind. Diese Giftstoffe beeinträchtigen erwiesenermaßen die Fortpflanzungsfähigkeit der Seehundweibchen.

Der letzte Heuler?
Im Sommer 1988 breitete sich unter den Seehunden der Nordsee eine epidemieartige Seuche aus, die von einem Virus ausgelöst wurde. Allein im Wattenmeergebiet wurden etwa achtzig Prozent des zuvor recht gut bekannten Bestandes vernichtet. Im Bereich der gesamten Nordsee mußten nahezu 18 500 Totfunde von Seehunden registriert werden. Unklar ist bis heute, wie das Virus in die Seehundpopulation gelangte und warum es sich, ausgehend vom Kattegat, so rasch ausbreitete. Ein Direktzusammenhang zwischen der Seehundseuche und der enormen Umweltbelastung der Nordsee konnte bisher nicht nachgewiesen, aber andererseits auch nicht ausgeschlossen werden. Man wird wohl davon ausgehen müssen, daß die Seehunde als Endglieder in der einem zunehmend mit Schadstoffen angereicherten Nahrungsgefüge unter anderem auch Defekte an ihrem Immunsystem aufweisen und deshalb gegenüber den Krankheitserregern sehr geschwächt waren.
In jedem Fall muß der Seehund (ebenso wie die Kegelrobbe) vorerst auf der Liste der gefährdeten Tierarten verbleiben. Zuerst stirbt der Seehund...

Episode oder Anfang vom Ende?

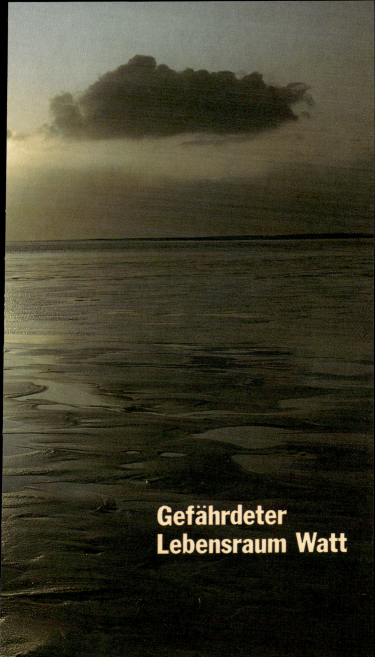

Gefährdeter Lebensraum Watt

Fremdenverkehr – die weiße Industrie

Das Wattenmeer gehört zu den beliebtesten Urlaubszielen in Mitteleuropa. Der Fremdenverkehr kann hier auf eine lange Tradition zurückblicken. Bereits 1797 wurde das erste deutsche Seebad gegründet, und zwar auf der ostfriesischen Insel Norderney. Aus den bescheidenen Anfängen von damals ist für die Küstenbewohner ein Industriezweig geworden, ohne den sie heute nicht mehr existieren könnten. Überall entlang der deutschen Nordseeküsten sind riesige Bettenburgen, Kur- und Erholungszentren aus dem Boden gestampft worden, um der enormen Nachfrage nach „heiler Natur" nachzukommen. Etwa 30 Millionen Übernachtungen zählen die Fremdenverkehrsämter pro Jahr zwischen Borkum und List, nicht gerechnet die weit höhere Anzahl von Tagesgästen, die innerhalb der 100tägigen Sommersaison aufkreuzen. Selbst die Bauern im Hinterland bieten heute Übernachtungsquartiere an. Die gesamte Küste ist auf den Tourismus eingestellt. Für das Wattenmeer verheißt dieser enorme Ansturm der Touristen nichts Gutes. So viele Menschen, die gerade in der Brutzeit der Vögel und zur Aufzucht der Seehunde das Wattenmeer und die Strände besuchen, schränken den Lebensraum der Tiere ein und bedrohen durch Vertritt die empfindliche Küstenvegetation, insbesondere die Dünenlandschaften. Eine der beliebtesten Freizeitbeschäftigungen ist natürlich das traditionelle Wattwandern. Wer kann es den Erholungssuchenden verübeln, nach Ruhe und Entspannung zu suchen? Ist jedem Besucher wohl bewußt, daß bereits ein einziger Wattwanderer im Umkreis von etwa 300 m alle Vögel von ihren angestammten Futter- und Rastplätzen vertreibt?! Wie mag sich das auswirken, wenn zwischen Föhr und Amrum die Touristenmassen zum Volksmarsch aufbrechen oder nach Blasmusik per Pferdewagen sich zur Insel Neuwerk kutschieren lassen?! Hinzu gesellen sich in den letzten Jahren zunehmend Wassersportler (Segler und Surfer), die sich bei Niedrigwasser gerne trockenfallen lassen, sowie Ausflugsdampfer, die die Gäste bis dicht an die Seehundsbänke heranschippern. Noch eine Facette: Mit dem Ansturm der Gäste ergeben sich organisatorische Probleme! Eines ist z.B. das der Fäkalienentsorgung.

Wie lange mögen die Landschaft und ihre Lebewesen einem solchen Andrang standhalten? Gewiß, die Lebensgemeinschaften des Wattenmeers zeichnen sich durch eine außergewöhnlich hohe Produktion und Regenerationskraft aus, aber für Vögel und Seehunde z.B. kann die ständige Störung während der Entwicklung oder des Durchzugs zum Verhängnis werden. Naturschutzinteressen und wirtschaftliche Zwangslage der Küstenbevölkerung prallen im Wattenmeer unweigerlich aufeinander. Aktive Schutzmaßnahmen, eine breite koordinierte Aufklärung der Urlauber und deren Anleitung zum umweltfreundlichen Verhalten aber sind notwendig, um den Lebensraum zu erhalten. Stirbt er, so stirbt auch der Tourismus.

Fischerei

Was wäre das Wattenmeer ohne das typische Bild der Krabbenkutter mit ausgelegten Kurren, ohne die gemütlichen kleinen Häfen mit ihrem eigenen „Krabben"-Geruch oder die ausgestellten Reusen, die bei Niedrigwasser sichtbar werden. Seitdem der Mensch am Wattenmeer lebt, hat er auch in ihm gefischt. Trotzdem haben sich die Zeiten geändert. Das Fanggeschirr ist größer, schwerer und effektiver geworden. Der erhöhte Fangertrag gefährdet zusehends die Krabben- und Fischbestände im Wattenmeer. Es droht eine Überfischung. Wir kennen dieses Problem aus der Nordsee (Zusammenbruch der Heringsschwärme in den sechziger Jahren oder die Abnahme des Kabeljaus). Auch die Krabbenfischer mit ihren kleinen Booten haben gerade in den letzten Jahren schlechte Zeiten erlebt. Zwar fangen sie mit leichtem Geschirr und schonen somit die Bodenfauna des Watts, um die ersehnten Garnelen zu fangen, aber es bedarf eines sehr engmaschigen Netzes. In dem aber bleiben nicht nur die „Krabben", sondern auch die vielen Jungfische wie junge Schollen, Flundern und Seezungen gefangen. Da sie noch vor der Geschlechtsreife aus dem Ökosystem herausgefischt werden, können sie auch keine Eier mehr produzieren und so zur Vermehrung beitragen. Der „Gammel", so nennt man den Beifang, wird statt dessen häufig an Land zu Fischmehl verarbeitet. Vielleicht ist es wenigstens ein Hoffnungsschimmer, daß an Bord der Kutter auch Sortierapparate eingesetzt werden, die eine schonendere Abzweigung der Jungfische von den Krabben versprechen und es sinnvoll machen, den Beifang in die See zurückzukippen.

Sehr viel problematischer als das Fangen der Krabben erweist sich für das Wattenmeer die Muschelfischerei. Insbesondere nach Herzmuscheln ziehen die Kutter mit schwerem Geschirr über Grund und wühlen dabei das Sediment mehrere Zentimeter tief auf. Mit dieser Fangmethode wird alles Bodenleben – mit Ausnahme der kräftigen Muscheln, auf die sie es abgesehen haben – getötet. Auf die Herzmuscheln sind besonders die holländischen Fischer scharf. In Deutschland werden sie nämlich im Gegensatz zu den Niederlanden gar nicht gegessen. Auch die Miesmuschelbänke werden „geerntet". Um die Erträge jedoch konstant zu halten, werden im Gegenzug immer wieder junge Muschelbruten ausgebracht und in tiefere Bereiche versetzt, wo sie besser wachsen. Nach zwei Jahren erbringen sie ein Vielfaches des ursprünglich versetzten Ertrages. Die intensive Fischerei mit Schleppnetzen, sei es nach Muscheln oder nach Fischen und Garnelen, hat in einigen Gebieten des Wattenmeers mit dazu beigetragen, daß sich die Besiedlung an der Oberfläche grundlegend verändert hat. Kaum ein Bereich im Wattenmeer wird nicht einmal von Fanggeschirr gepflügt. Mit der intensiven Fischerei selbst in den unter besonderem Schutz stehenden Zonen (Zone I) sind z.B. die „Riffe" der röhrenbauenden *Sabellaria*-Würmer vollständig verschwunden.

Landgewinnung und Landwirtschaft

Solange Menschen am Wattenmeer leben, solange stehen sie im ewigen Wettstreit mit dem „Blanken Hans", wie sie die Nordsee respektvoll nennen. Das Meer bescherte ihnen von alters her als Lebensgrundlage reichhaltige Nahrung und fruchtbares Land, aber die Sturmfluten zogen ihren Anteil regelmäßig samt Land und Leuten zurück in die Tiefe.

Landgewinnung und Deichbau spielten deshalb traditionell eine bedeutende Rolle im Leben der Küstenbewohner. „Wer nicht mit will deichen, der muß weichen" heißt eines ihrer alten Sprichwörter. Mit Lahnungen und Buhnen wird auch heute noch dem Wattenmeer Land abgetrotzt und durch Eindeichung in einen neuen Koog verwandelt. Nach einigen Jahren, wenn die Oberflächenschichten ausgesüßt sind, kann der wertvolle, schwere Boden für die Landwirtschaft zunächst als Viehweide und später auch zum Anbau von Gemüse und Getreide genutzt werden. Die Deich- und Vorlandwiesen wurden schon früh für die Schafzucht genutzt. Stückweise wurde so in Jahrhunderten der See das Land wieder abgerungen, das in schweren Sturmfluten binnen weniger Stunden und Tage verlorengegangen war. Die Veränderung der Küstenlinie über die Jahrhunderte hinweg spiegelt diese Bemühungen (und Rückschläge) wider. Die Deiche als Bollwerk geben Sicherheit, aber keine endgültige. Deichschutz war eine Ehrensache, und der Deichgraf als Wächter des Küstenschutzes besaß große Verantwortung und hohes Ansehen.

Die Zeiten haben sich gründlich geändert. Die heutigen seewärtig flach abfallenden Deiche sichern das flache Hinterland wie nie zuvor, in der Landwirtschaft werden enorme Überschüsse erzielt. Die Methoden der Landgewinnung und Eindeichung sind so perfektioniert worden, daß binnen weniger Jahre riesige Buchten dem Meer abgetrotzt werden können. Neben der Landwirtschaft bestimmt der Tourismus zusehends die gesamte wirtschaftliche Lage der Küste.

Die Fragwürdigkeit der Eindeichungen wird am Beispiel der Nordstrander Bucht deutlich. Mit ihrer Abtrennung ging ein artenreiches Schlick- und Sandwatt als Nahrungsgebiet für Vögel und Kinderstube der Jungfische für immer verloren. Das Argument der Vordeichung und Landgewinnung steht heute auf tönernen Füßen. Auch durch Deicherhöhungen ist ein wirkungsvoller Schutz gegen den Blanken Hans möglich. Durch die anhaltende Vorverlegung der Deichlinien und den Bau von Verbindungsdämmen durch das Wattenmeer (z.B. nach Sylt, Nordstrand, Oland/Langeness) geraten die vorgelagerten Inseln und Halligen bei Sturmfluten immer stärker in die küstennahe Stauzone. Die unvorhersehbaren Strömungsänderungen, die durch die Verbindungsdämme entstanden sind, bewirken großräumige Sedimentverlagerungen.

Für die Interessen des Lebensraumes bleibt uns heute die Schlußfolgerung: Deichschutz tut not, auf eine weitere Landgewinnung sollte man möglichst verzichten.

Errungenschaften der modernen Industrie-Gesellschaft: Von Schiffahrt, Öl, Chemie und Tieffliegern

Nicht nur vom Land her wird das Wattenmeer bedroht. Mindestens ebenso aufmerksam müssen die Gefahren erkannt sein, die den Lebensgemeinschaften vom offenen Meer selbst her drohen. Es sind „schleichende" Gefahren, denn auf den ersten Blick werden sie uns nicht bewußt, weil wir sie als selbstverständlich und gegeben annehmen. Die Schiffahrt gehört zu diesem Problemkreis.

Die Elbmündung, die das Wattenmeer auf etwa der Mitte auf einer Breite von bis zu 20 km trennt, ist die am häufigsten frequentierte Schiffahrtsstraße der Welt. Anziehungspunkt für Schiffe aus aller Welt sind der Nord-Ostsee-Kanal und der Hamburger Hafen. An der Mündung von Weser und Rhein sieht es nicht anders aus. Ein so eng gestaffelter Schiffsverkehr birgt enorme Gefahren in sich und bedarf einer strengen Radar- und Lotsenüberwachung. Und doch ist das Wattenmeer schon so manches Mal nur knapp an der Katastrophe vorbeigeschlittert. Einen besonderen Gefahrenpunkt stellen die Chemie- und Öltanker dar. Öltanker-Havarien, wie 1979 in der Bretagne durch die „Amoco Cadiz" und 1989 durch die „Exxon Valdez" vor Alaska verursacht, sind auch in der Deutschen Bucht möglich. Die Folgen für das Wattenmeer wären verheerend. Trotz strengster Überwachung stranden auch heute noch Schiffe mit gefährlicher Fracht in den Mündungen von Elbe und Weser. Menschliches Versagen ist niemals auszuschließen. Statistisch betrachtet ist die Katastrophe längst überfällig. Eine weitere „schleichende"

Gefahr stellen aber auch die kleinen „alltäglichen" Öleinträge dar, die noch immer und trotz einer strengen Überwachung aus der Luft geschehen. Noch immer ist es billiger, eine Geldbuße für eine Umweltsünde auf sich zu nehmen, als die Tanks im Hafen (mit längerer Liegezeit) reinigen zu lassen. Die kleinen Öllachen aber werden den Seevögeln zum Verhängnis. Sie versuchen, das verschmutzte Gefieder zu reinigen, indem sie sich mit ihrem Schnabel putzen. Dadurch gerät das Öl in ihren Verdauungstrakt und zerstört dort die Magen- und Darmwände. Auch ein äußerlich nur leicht verölter Vogel wird so mit erbarmungsloser Gewißheit zum Opfer der schleichenden, allgegenwärtigen „Ölpest". Eine potentielle Gefahr für die Umwelt stellt ebenso die Ölförderung im Wattenmeer vor der Meldorfer Bucht dar. Auch wenn eine fortschreitende Technik das Restrisiko eines Unfalles verkleinern kann, sie wird es niemals ausschließen können. Im übrigen paßt eine solche Ölplattform auch politisch nicht in das Konzept eines zu schützenden Lebensraumes. Wie will man einerseits Beschränkungen in der Fischerei und Salzwiesenbeweidung ökologisch rechtfertigen und andererseits eine „Ölplattform Mittelplate" zulassen. Auch an diesem Beispiel wird es erneut deutlich: Kurzsichtige wirtschaftliche Interessen beugen noch immer langfristig notwendiges Denken und Handeln in der Umweltpolitik.

Neben dem Öl geraten weitere gefährliche Chemikalien in die

115

Nordsee. Der Haupteintrag geschieht durch die großen Hauptflüsse Rhein, Weser und Elbe. Für die Menschen von Basel bis Hamburg und Rotterdam bis Dresden dienen die Flüsse zum Abtransport von Schad- und Giftstoffen. Die Nordsee und insbesondere ihre Küstengewässer drohen so über alle vertretbaren Maße belastet zu werden. Die Folgen können wir heute schon spüren. In Garnelen, Speisefischen, Seevögeln (und deren Eiern) und Seehunden als Endverbraucher des Nahrungsgefüges reichern sich Stoffe an, die im Meer ursprünglich gar nicht oder nur in sehr geringen Konzentrationen vorkommen. Das Repertoire der gefährlichen Mixturen kommt einem Blick in den Giftschrank gleich. Zu den gefährlichen Stoffen gehören polychlorierte Biphenyle (PCBs, machen Seehunde unfruchtbar), DDT (Pflanzenschutzmittel zur Insektenbekämpfung) sowie Schwermetallverbindungen (Cadmium, Quecksilber, Kupfer, Blei, Zink, Arsen). Letztere wurden auch direkt (mit der Dünnsäure) in der Nordsee bei Helgoland verklappt und geraten so in den Stoffkreislauf der küstennahen Lebensgemeinschaften. Stärkere Anreicherungen von Schwermetallen im Körper (z.B. in Fettgeweben) müssen nicht notwendigerweise sofort zum Tode führen. Am Beispiel der Austernfischer läßt sich das eindrucksvoll demonstrieren: Als es im Winter 1986/87 an großen Teilen der deutschen Nordseeküste zur Bildung einer dicken Eisschicht kam, starben die Austernfischer in großen Mengen. Sie verendeten aber nicht nur aus Mangel an Nahrung – sie besitzen für solche Situationen ausreichende Fettreserven –, sondern weil mit dem einhergehenden Fettgewebe-Abbau auch die darin gespeicherten Schwermetalle freigesetzt und in den Organen (Leber, Niere) in tödlicher Dosis angereichert wurden. Ähnlich belastet sind auch die Seehunde, deren Immunsystem durch die schädlichen Anreicherungen in ihrer Nahrung geschwächt ist. Sie besitzen auch keine politische Lobby gegen den Fluglärm von militärischen Flugübungen im Wattenmeer. Wie den Vögeln, die ständig von ihren Nahrungs- und Rastplätzen aufgescheucht werden, bleibt auch ihnen nur die Flucht. Die Aktivitäten der Flieger verkürzt ihre Ruhe-, Rast-und Stillzeiten für sie selbst und ihre Jungtiere. Die Folgen offenbaren sich in unterernährtem Nachwuchs und aufgescheuerten Bauchnabeln. Diese entzünden sich leicht und wachsen zu klaffenden Wunden aus (Näheres siehe S. 102-105). Nicht nur den wirtschaftlichen, auch den militärischen „Notwendigkeiten" muß sich der Naturschutz (noch immer) beugen.

Nationalpark: Was ist das?

Mit dem Wort „Nationalpark" verband man in Deutschland bis in die Mitte der achtziger Jahre ausschließlich den Bayerischen Wald, denn dieser stellt das erste großflächige Areal innerhalb der Bundesrepublik das, das nach internationalen Richtlinien zum Nationalpark erklärt wurde. Seit dem 1.10.1985 bzw. 1.1.1986 haben die Bundesländer Schleswig-Holstein und Niedersachsen ihren Anteilen des Wattenmeeres ebenfalls den Status eines Nationalparks verliehen. Für den Hamburger „Zipfel" des Wattenmeeres an der Elbe-Mündung wurde erst im Herbst 1989 ein entsprechender Gesetzesentwurf vorgelegt. Genaugenommen haben wir es also dann mit drei Nationalparks im deutschen Wattenmeer zu tun, das damit ganzflächig als Schutzraum ausgewiesen wird. Ein Nationalpark besteht aus einem großflächigen und per Gesetz einheitlich zu schützenden Gebiet, das sich in einem wenig oder unbeeinflußten Zustand befindet. Die Einrichtung eines Nationalparkes verfolgt vornehmlich zwei grundsätzliche Ziele. Erstens dient er der Erhaltung der Tier- und Pflanzenwelt sowie der geologischen Gegebenheiten. Alle Handlungen, die zu einer Zerstörung oder Beschädigung der Landschaft und Lebensgemeinschaften im Nationalpark führen könnten, sind ausdrücklich verboten. Einschränkungen hinsichtlich dieser Regelung sind gesetzlich fixiert. Zweitens soll er, soweit es das Schutzkonzept zuläßt, auch der Allgemeinheit zur Erholung und zum Naturerlebnis geöffnet werden. Die Koordination dieser zentralen Aufgaben unterliegen den jeweiligen Nationalparkämtern (Adressen S. 125). Um sowohl den nötigen Schutz der Lebensgemeinschaften als auch dem Erholungs- und Bildungsinteressen der Besucher gerecht zu werden, sind die Wattenmeernationalparke in verschiedene Zonen mit unterschiedlicher Schutzwürdigkeit eingeteilt:

In **Zone I (Ruhezone)** liegen die empfindlichsten Bereiche des Wattenmeeres. Das Betreten ist in der Regel gar nicht oder nur auf ausgewiesenen Pfaden möglich. In diesen Gebieten befinden sich z.B. wichtige Brut- und Rastplätze der Vögel, die Seehundsbänke, aber auch besonders schützenswerte artenreiche Salzwiesen. Die gewerbliche Fischerei ist (mit Ausnahme im Hamburger Wattenmeer) erlaubt.

Zone II (Zwischenzone) wurde als Puffer für Zone I gegenüber der Umgebung eingerichtet. Sie darf zwar in großen Teilen betreten werden, in ihr sind jedoch alle Handlungen verboten, die den Charakter des Wattenmeers verändern und den Erholungswert der Natur beeinträchtigen. Brut- und Lebensräume wildlebender Tiere dürfen nicht aufgesucht und fotografiert bzw. gefilmt werden. Einschränkungen gelten zur Brutzeit der Vögel (1.4.-31.7.). Eine naturverträgliche Nutzung der Flächen (z.B. extensive Beweidung) ist zugelassen.

In **Zone III (Erholungszone)** sind zur weiteren Nutzung nur Badestrand und Kureinrichtungen vorgesehen.

Gebiet	Nationalpark Schleswig-Holsteinisches Wattenmeer	Nationalpark Hamburger Wattenmeer	Nationalpark Niedersächsisches Wattenmeer
Gründung Fläche	seit 1.10.1985 285 000 Hektar	ab 1990 11 500 Hektar	seit 1.1.1986 240 000 Hektar
Grenzziehung	Beginn 150 Meter vor Deich, Düne oder Geest	siehe Karte im Umschlag	Beginn am Deichfuß oder an der Abbruchkante
	Halligen und Inseln sind ausgeschlossen	Inseln Neuwerk und Scharhörn eingeschlossen	Inseln sind eingeschlossen (ohne Siedlungsbereiche)
Zonierung	Zone I (Ruhezone) Zone II (Schutzzone) Zone III (Erholungszone)	Zone I (Ruhezone) Zone II (Schutzzone)	Zone I (Ruhezone) Zone II (Schutzzone) Zone III (Erholungszone)
	Zone II und III bisher nicht endgültig festgelegt	Zone II z.T. mit Erholungscharakter	
Schutzbestimmungen	Betretungsverbot für Zone I Naturverträgliche Nutzung in Zone II und II	Betretungsverbot für Zone I außer auf markierten Wegen	Betretungsverbot für Zone I außer auf markierten Wegen
Landwirtschaft	Schafsbeweidung auf Salzwiesen und Deichen (zum Küstenschutz) innerhalb von Zone II und III	Extensive Beweidung von Zone I zulässig uneingeschränkte Landwirtschaft in Zone II möglich	in bisherigem Umfang möglich auf staatlichen Flächen reduziert
Fischerei	Zone I: nur Berufsfischer Zone II und III: uneingeschränkte Nutzung möglich	Zone I: Verbot Zone II: nur Krabbenfischerei in den Prielen Muschelfischerei generell verboten	Zone I: nur Berufsfischer Zone II: uneingeschränkte Nutzung möglich
Jagd	Verbot in Zone I	generelles Verbot	Verbot in Zone I

Wie wir uns im Watt verhalten

In diesem Kapitel werden einige wichtige Tips zum rechten „Umgang" mit dem Wattenmeer gegeben. Halten Sie sich daran, so tragen Sie wesentlich dazu bei, diese Naturlandschaft als Lebensraum für Tier und Pflanze und auch als Erholungsgebiet für den Menschen zu erhalten.

Die Ausrüstung
Eine geeignete Ausrüstung steigert den Genuß an der Natur und verhindert unliebsame Überraschungen. **Ziehen Sie sich bei einem Gang ins Wattenmeer warm und regenfest an,** auch wenn der Wetterbericht nur Gutes verheißt. Das Wetter kann an der Küste binnen kürzester Zeit umschlagen und Sie unangenehm überraschen. Denken Sie auch an eine wirksame **Sonnencreme** und einen **Hut** (oder Mütze), wenn Sie gegenüber der Sonne empfindlich sind. Sonnenbrand und Sonnenstich fängt man sich bei der enormen Strahlungsintensität am Wasser sehr schnell ein. **Tragen Sie Gummistiefel oder leichte Turnschuhe/Gummisandalen.** Für so manchen endete der Spaziergang schon durch eine Glasscherbe oder Muschelschale. **Laufen Sie niemals mit hochhackigen Schuhen über den Deich.** Die kleinen Löcher, die Sie hinterlassen, können bei der nächsten Sturmflut im Zweifel den ersten Angriffspunkt für die tosenden Wellen bieten. **Versorgen Sie sich mit Ferngläsern.** Sie können so Vögel, Seehunde und Krabbenkutter auch aus weiter Entfernung beobachten. An der stürmischen Küste eignet sich am besten ein Glas mit den Werten 7 x 50 oder 8 x 56. Hilfreich ist auch ein kleiner **Plastiksack zum Sammeln von Muschel- und Schneckenschalen.** Für stimmungsvolle Bilder lohnt sich allemal das Mitnehmen des **Fotoapparates.** Nutzen Sie besonders die Lichtverhältnisse in den frühen Morgen- und Abendstunden. Und noch ein guter Rat: **Packen Sie sich eine Stulle für den Weg ein. Seeluft macht hungrig.**

Was man bedenken sollte
Wenn Sie sich zum ersten Male ins Watt wagen und interessiert sind, möglichst viel zu erleben und zu erkennen, so schließen Sie sich einer **naturkundlichen Führung** an. Überall an der Küste gibt es Informationszentren, die Wattwanderungen anbieten. In der Gesellschaft eines kundigen Führers werden Ihnen die Wattspuren gezeigt und Informationen zur Situation des Lebensraumes und seiner Bewohner geliefert. **Ihrem Wattführer können Sie sich bedenkenlos anvertrauen.**

Wollen Sie sich aber auf eigene Faust ins Watt begeben, so sollten Sie zuvor in Ihrem eigenen Interesse einige wichtige Sicherheitsvorkehrungen treffen. **Erkundigen Sie sich genau über die Tidenzeiten und örtlichen Verhältnisse** (insbesondere Priele und Bodenbeschaffenheit). Hinterlassen Sie bei einer zuverlässigen Person Ihres Vertrauens eine Nachricht, wann und wohin Sie wandern wollen und vor allem, wann Sie voraussichtlich zurückkehren werden. **Melden Sie sich also ab und wieder zurück.** Achten Sie darauf, daß rechtzeitig der Heim-

Umweltschmutz contra Umweltschutz.

weg angetreten wird. Besorgen Sie sich eine geeignete **Wanderkarte**, die Ihnen bei der Orientierung helfen kann. Ein „Verirren" im Wattenmeer geschieht schneller als man glaubt. Eine ausgesprochen gefährliche Angelegenheit ist der plötzlich aufkommende **Seenebel**, der einem völlig die Orientierung nehmen kann. Schon deshalb sollten Sie immer genau darauf achten, wo Sie sich (und die Küste) befinden. Verfallen Sie nicht in Panik, wenn es Sie trotzdem „erwischt". Gehen Sie im Zweifelsfalle, wenn Ihnen dazu genügend Zeit bleibt, entlang Ihrer eigenen Spuren zurück. Bevor Sie sich für eine Wanderroute entscheiden, **überprüfen Sie unbedingt, ob Sie nicht vielleicht empfindliche Zonen betreten (Schutzzone I).** Nicht immer sind diese Gebiete ausreichend beschildert. Wenn Sie im Zweifel sind, ist es immer ratsam, zurückzugehen.

Innerhalb der Dünen- und Salzwiesenlandschaften bleiben Sie bitte unbedingt auf den festen Wegen. Die umliegende Vegetationsdecke ist nicht trittfest und wächst nur sehr langsam (wenn überhaupt) nach. **Lassen Sie sich von Vögeln „verleiten", wenn diese Sie ganz offensichtlich fortlocken wollen.** Es sind Gelege oder Küken in der Nähe, die Sie unbedacht zertreten könnten. **Junge Seehunde („Heuler") sollten in jedem Fall in Ruhe gelassen werden.** Das Muttertier wird sie nach kurzer Zeit wieder aufsuchen. Sollten sie verletzt oder offensichtlich geschwächt sein, so melden Sie Ihre Beobachtung den zuständigen Stellen. **Für alle Wassersportler gelten natürlich die „10 goldenen Regeln für das Verhalten in der Natur".**

Erklärung von Fachausdrücken

(siehe auch „Ein wenig Watt-deutsch". S. 9)

Buhnen Senkrecht auf das Ufer treffendes Befestigungswerk aus Pfählen oder Steinen zum Strandschutz gegen küstenparallele Strömungen.

Geest Eiszeitliche, meist sandige Ablagerungen auf dem Festland; bildet gewöhnlich das Steilufer an unbedeichten Stellen.

Groden Von Grünland eingenommene Verlandungzone des Watts, entspricht vegetationskundlich dem Bereich der Salzwiese. Regional auch Heller genannt.

Grüppen Künstlich angelegte, meist parallel angeordnete Entwässerungsgräben in der Salzwiese (Groden).

Heller siehe Groden.

Koog Abgedeichtes, vor dem unmittelbaren Flutangriff gesichertes Marschland. Wird in Ost- und Westfriesland Polder genannt.

Lahnung Aus Pfahlreihen oder Buschwerk abgesteckte rechteckige Felder im Deichvorland, dienen der Wasserberuhigung und dem Sedimentfang.

Marsch Küstennaher, vom Meer abgesetzter oder umgelagerter Boden.

Nehrung Aus Lockermaterial aufgebaute, langgestreckte Landzunge. Am Ende oft mit charakteristischen Hakenbildungen, die die jüngsten Zuwachszonen markieren (z. B. Ellenbogen/Sylt).

Nipptiden Gezeiten bei Halbmond, mit geringem Tidenhub.

Sandplaten Sandbank zwischen größeren Gezeitenrinnen (Prielen).

Schill Angespülte Muschelschalen, Schneckengehäuse und Krebspanzer, oft schon nach kurzer Zeit zertrümmert (Bruchschill).

Weiterführende Literatur

ABRAHAMSE, J., W. JOENJE, N. VAN LEEUWEN-SEELT: Wattenmeer, Kurt Wachholtz Verlag, Neumünster 1984.

DOLDER, W., U. DOLDER: Nordseeküste und Wattenmeer. Silva-Verlag, Zürich 1985.

DRACHENFELS, O.v., H. MEY, P. MIOTK: Naturschutzatlas Niedersachsen. Landesverwaltungsamt, Hannover 1984.

GERDES, G., W. E. KRUMBEIN, H. E. REINECK (Hrsg.): Mellum – Portrait einer Insel. Verlag Waldemar Kramer, Frankfurt/M. 1987.

GRIMM, H., (Hrsg): Wattenmeer. Unterricht Biologie No. 136, Friedrich Verlag Velber, Seelze 1988.

GRUBE, F., G. RICHTER (Hrsg.): Die deutsche Nordseeküste. Umschau-Verlag, Frankfurt/M. 1979.

HAARMANN, K., P. PRETSCHER: Die Feuchtgebiete internationaler Bedeutung in der Bundesrepublik Deutschland. Kilda-Verlag, Greven 1981.

HEYDEMANN, B.: Ökologie und Schutz des Wattenmeeres. Schriftenreihe des Bundesministeriums für Ernährung, Landwirtschaft und Forsten, Bd. 255. Landwirtschaftsverlag, Münster 1981.

HEYDEMANN, B., J. MÜLLER-KARCH: Biologischer Atlas Schleswig-Holstein. Kurt Wachholtz Verlag, Neumünster 1980.

HEYDEMANN, B., J. MÜLLER-KARCH: Wattenmeer – Bedeutung, Gefährdung, Schutz. Deutscher Naturschutzring Bonn 1981.

JANKE, K., B. P. KREMER: Düne, Strand und Wattenmeer. Kosmos-Naturführer, Franckh'sche Verlagshandlung, Stuttgart 1988.

KOCK, K.: Das Watt. Lebensraum auf den zweiten Blick. Schutzstation Wattenmeer/BUND, Kiel 1984.

LÜNING, K.: Meeresbotanik. Georg Thieme Verlag, Stuttgart 1985.

REINECK, H. E. (Hrsg.): Das Watt. Ablagerungs- und Lebensraum. Verlag Waldemar Kramer, Frankfurt/M. 1978.

REISE, K.: Tidal Flat Ecology. An Experimental Approach to Species Interaction. Ecological Studies Bd. 54, Springer-Verlag, Berlin, Heidelberg, New York 1985.

THIES, M.: Biologie des Wattenmeeres. Aulis Verlag, Köln 1985.

WOLFF, W. J. (Hrsg.): Ecology of the Wadden Sea. 3 Bände mit Kartenteil. Verlag A. A. Balkema, Rotterdam 1983.

Wichtige Adressen

Nationalparkverwaltung „Niedersächsisches Wattenmeer".
Virchowstraße 1,
2940 Wilhelmshaven.

Landesamt für den Nationalpark „Schleswig-Holsteinisches Wattenmeer",
Am Hafen 40a, 2253 Tönning.

Umweltbehörde der Stadt Hamburg – Naturschutzamt –,
Adenauerallee 10,
2000 Hamburg 1

Landesamt für Naturschutz und Landschaftspflege Schleswig-Holstein
Hansaring 1,
2300 Kiel-Wellsee.

Naturschutzgesellschaft Schutzstation Wattenmeer e.V.
Königstraße 11,
2370 Rendsburg.

Schutzgemeinschaft Deutsche Nordseeküste
Postfach 1580, 2960 Aurich.

Verein Jordsand zum Schutze der Seevögel und der Natur
Haus der Natur Wulfsdorf,
2070 Ahrensburg.

Der Mellumrat
Würzburger Straße 10,
2900 Oldenburg.

Deutscher Naturschutzring
Kalkuhlstraße 24, 5300 Bonn 1.

Deutscher Bund für Vogelschutz
Am Hofgarten 4, 5300 Bonn 1.

WWF World Wildlife Fund – Wattenmeerstelle.
Norderstr. 22, 2250 Husum.

Bund für Umwelt und Naturschutz e.V.
In der Raste 2, 5300 Bonn 1.

Biologische Anstalt Helgoland – Wattenmeerinstitut Sylt –
2282 List/Sylt.

Institut für Haustierkunde an der Universität Kiel
Olshausenstraße 40–60 (Biozentrum), 2300 Kiel 1.

Register

A

Aalmutter 73
Abbruchflächen 20
Abfallentsorgung 114
Agonus cataphractus 74
Alpenstrandläufer 88
Altmoränen 14
Anaitides maculata 56
Andelrasen 28
Apogon imperbis 72
Arenicola marina 60
Armeria maritima 37
Artemisia maritima 35
Aster tripolium 35
Asterias rubens 68
Aufwuchsgebiet 71
Aurelia aurita 48
Außensande 22
Austernfischer 91

B

Bäumchenröhrenwurm 63
Baljen 10
Beifang 110
Beifuß, Strand- 35
Besiedlungsbild 44
Blasentang 78
Blattwurm, Gefleckter 56
Bottenbinsenwiese 29
Brandente 94
Brandgans 94
Brandseeschwalbe 99
Branta leucopsis 95
Buccinum undatum 51

C

Calidris alpina 88
Calidris canutus 88
Carcinus maenas 66
Cerastoderma edule 52
Charadrius hiaticula 89
Chemikalien 116
Corophium volutator 64
Coxe 51
Crangon crangon 65
Cyanea capillata 48

D

Darmtang 30
Deichbau 112

Deichlinie 112
Dorsch 75
Durchzügler 86
Düneninseln 15
Dwarslöper 66

E

Ebbe 16
Eiderente 93
Einsiedlerkrebs 67
Eiszeit 13
Ensis directus 54
Enteromorpha linza 30
Erdöl 114
Erholungszone 121
Ernährungstypen 20, 42

F

Farbstreifenwatt 21
Federwechsel 86
Feuerqualle 48
Findlinge 14
Fischerei 110
Fluchtdistanz 108
Flunder 69
Flußseeschwalbe 98
Flut 16
Fremdenverkehr 108
Fucus vesiculosus 78

G

Gadus morhua 75
Geschiebe 13
Gezeiten 16
Gezeitenwasserstand 19
Gezeitenwelle 18
Granat 65
Großrinnen 10

H

Haematopus ostralegus 91
Halligstorch 91
Halimione portulacoides 34
Halligen 15
Halligflieder 36
Halophyten 26
Hartsubstrat 77
Herzmuschel, Gemeine 52
Heteromastus filiformis 59

Heuler 105
Hydrobia ulvae 50

I

Idotea baltica 82
Idotea granulosa 82

K

Kabeljau 75
Käferschnecke, Rändel- 82
Keilmelde, Salz- 34
Kiebitz 92
Kieselalgen 45
Kliesche 69
Knutt 88
Konzentrationsdreieck 13
Kopfschildschnecke, Gewölbte 51
Korngröße 12
Kotpillenwurm 59
Kotsandhaufen 60
Köderwurm 60
Krabbenfischer 110
Küstenschutz 112
Küstenseeschwalbe 98

L

Lachmöwe 97
Laichplatz 71
Landgewinnung 112
Landwirtschaft 112
Lanice conchilega 63
Larus argentatus 96
Larus canus 97
Larus ridibundus 97
Larvendrift 71
Lebensgemeinschaften 22
Lebensräume 22
Lepidochitona cinerea 82
Lepidonotus squamatus 80
Limanda limanda 69
Limikolen 86
Limonium vulgare 36
Lineus viridis 80
Liocarcinus holsatus 67
Littorea littorea 49
Littorina mariae 81
Littorina saxatilis 81

M

Macoma balthica 54
Mactra corallina 55
Makrophytobenthos 46
Marschwiese 29
Mausergebiete 86
Meerassel, Körnige 82
Meeräsche, Dicklippige 72
Meersalat 30
Miesmuschel 78
Mikrophytobenthos 46
Mugil chelo 72
Mya arenaria 53
Myoxocephalus scorpius 74
Mytilus edulis 78

N

Nahrungsbeziehungen 43
Nationalparkkonzept 120
Nephthys hombergii 57
Nereis diversicolor 58
Nereis virens 57
Nordseegarnele 65
Nordstrander Bucht 112

O

Ohrenqualle 48
Opalwurm 57
Oxidationszone 21
Ölplattform 114

P

Pagurus bernhardus 67
Pfeffermuschel, Große 55
Phoca vitulina 102
Pierwurm 60
Platichthys flesus 69
Plattmuschel, Baltische 54
Pleuronectes platessa 70
Priel 10
Pygospio elegans 62
Pygospio-Wurm 62

Q

Queller, Gemeiner 32
Quellerwatt 28

R

Rastvögel 86
Recurvirostra avosetta 90
Reduktionszone 21
Retusa obtusa 51

Ringelgans 95
Rippelmarken 11
Rotschenkel 90
Ruhezone 121

S

Salicornia europaea 32
Salz-Aster 35
Salz-Keilmelde 34
Salzmelde, Strand- 34
Salzpflanzen 26
Salzwiesen 27
Salzwiesenprofil 28
Sandklaffmuschel 53
Sandregenpfeifer 89
Säbelschnäbler 90
Schiffahrt 114
Schlickgras 33
Schlickkrebs 64
Schnabelformen 87
Schnurwurm, Grüner 80
Scholle 70
Schuppenwurm, Flacher 80
Schutzzonen 121
Schwertmuschel, Amerikanische 54
Schwimmkrabbe, Gemeine 67
Scrobicularia plana 55
Sedimentbewohner 40
Sedimente 12
Seegangsmarken 11
Seegras, Echtes 31
Seegras, Zwerg- 31
Seehund 102
Seehundbänke 105
Seehundseuche 105
Seepocke, Gemeine 83
Seeringelwurm, Grüner 57
Seeringelwurm, Schillernder 58
Seeskorpion 74
Seestern, Gemeiner 68
Semibalanus balanoides 83
Siedlungsdichte 50
Silbermöwe 96
Siphonen 53
Sode, Strand- 33
Somateria mollissima 93
Spartina townsendii 33
Stand-Salzmelde 34
Steinpicker 74
Sterna albifrons 99
Sterna hirundo 98
Sterna paradisaea 98
Sterna sandvicensis 99
Strahlenkörbchen 55
Strand-Sode 33
Strand-Wermut 35

Strandflieder 36
Strandkrabbe 66
Strandnelke 37
Strandnelkenwiese 29
Strandschnecke, Flache 81
Strandschnecke, Gemeine 49
Strandschnecke, Rauhe 81
Strandwermutgebüsch 29
Sturmflut 15
Sturmmöwe 97
Suaeda maritima 33

T

Tadorna tadorna 94
Tide 18
Tidenhub 19
Tiefflieger 114
Tourismus 108
Tringa totanus 90

U

Überwinterer 86
Ulva lactuca 30
Umweltgifte 116

V

Vanellus vanellus 92
Vordeichung 112

W

Wattausrüstung 122
Wattbodenlebensraum 41
Wattdeutsch 9
Wattdiatomeen 45
Wattenmeer 8
Wattgebiete 8
Wattprofil 22
Wattschnecke, Gemeine 50
Wattwagen 108
Wattwandern 122
Wattwurm 60
Watvögel 86
Wechselflutgebiet 8
Wellhornschnecke 51
Wermut, Strand- 35
Wohnröhre 61

Z

Zoarces viviparus 73
Zostera marina 31
Zostera noltii 31
Zwerg-Seegras 31
Zwergseeschwalbe 99

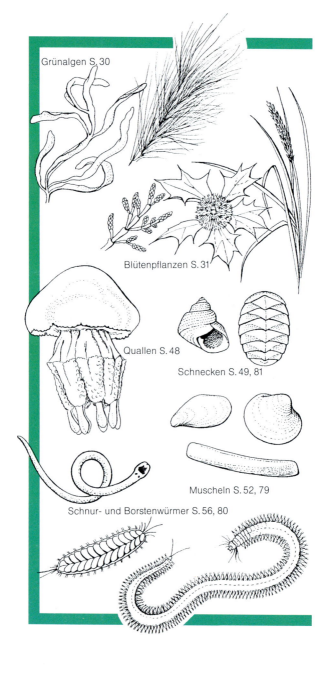